Eschi Fiege

there is more than pasta

P.

Eschi Fiege
Vanessa Maas

there is more than pasta

than pasta

Mit 12 Kochideen
365 Tage gut essen

Pichler

Für Elsa & Koko, Paula & Maria, Oskar & Leo, Szoli,
Joe & Jonathan, Emma & Ida, Helene, David & Bella, Eddie,
Hannah, Miriam, Andi, Gloria, Luna, Louis, Kaan, Peer,
Jimmy & Jules, Paul, Paul und Paul, Samuel, Anaïs, Sam,
Mirza, Mia, Max, Anna & Jakob, Emma & Anna, Alba, Leni,
Mary, Holly, Emily, Maxi, Lukas, Jan, Lily, Elin, Ludwig,
Prassad, Pauline, Carla & Lasse, Sophia, Finn, Robin,
Bela & Noemi, Pearl Lizzy, Alma, Josef & Leo, Emma, Annika,
Max, Vinzent & Kaspar, Antoine, John-Henry, Paul Henri,
Selma, Lilli, Lola, Lili, Frieda, Noah, Paul, Julius, Luis, Nik,
Finn-Lasse, Anna-Lynn, Leah und all die anderen wunderbaren
jungen Menschen.

You make the world a better place!

Inhalt

Aufbrechen, loslegen!

Irgendwann ist es so weit: Es passiert das, was von euch freudig erwartet und von eurer Familie mit Wehmut akzeptiert wird. Ausziehen ist angesagt! Rund um die späten Teenagerjahre, die frühen Zwanziger oder zu jedem anderen Zeitpunkt. Ganz egal wie oder wann auch immer: Ausziehen bedeutet Aufbruch in ein neues Leben, mit Freunden, den aktuellen Liebsten oder allein. In der Stadt, in der ihr aufgewachsen seid, in einer anderen, im Ausland, auf dem Mars oder wo es euch sonst gefällt. Ihr lasst den Versorgungskosmos Familie hinter euch und sorgt ab sofort für euch selbst. Die Entscheidungshoheit über euren Teller in der ersten eigenen Küche liegt nun bei euch. There is a new sheriff, oder besser gesagt, a new cook in town!

Um weiterhin 365 Tage im Jahr gut zu essen, ohne 365 Rezepte beherrschen zu müssen, dafür gibt es dieses Buch. Es schenkt euch und allen anderen Kocheinsteigern&innen Unabhängigkeit – und Autonomie. Es soll euch neugierig machen und dazu motivieren, den eigenen Kochkosmos zu entdecken. Die Fähigkeit zu kochen schenkt Freude, Selbstbestimmtheit und die Freiheit zu entscheiden, was ihr essen wollt und vor allem, wie es schmeckt. Mit eurem Kochstil könnt ihr eurer jeweiligen Lebensauffassung, eurem eigenen Selbstverständnis und eurer Einstellung zu Umwelt und Ressourcen Ausdruck verleihen. Egal wie das Leben grade ist, ob es schön ist oder schwer, ob Liebeskummer euer Herz vernebelt oder frische Verliebtheit euch beglückt, ob gerade Geld da ist oder mal wieder keines, es allein oder mit Freunden etwas zu feiern gibt oder ob ihr einfach nur hungrig seid – ihr könnt was Gutes kochen und euch damit das Leben verschönern. Es ist nur Kochen, das stimmt, aber Kochen ist eine Fähigkeit, die mit simplen Mitteln unglaublich glücklich machen kann. Das Leben wird schöner mit gutem Essen. Das ist Fakt!

Noch was:

Neuerdings geht es beim Kochen hauptsächlich um eines: Schnelligkeit. Egal ob Gemüse geschnitten, Eier geschält, irgendwas ausgepresst, geraspelt oder gehackt wird. Je schneller, desto besser. Ich muss an dieser Stelle mal ganz offen etwas sagen: Gutes Kochen geht nicht immer so schnell, wie gern behauptet wird. Es dauert aber auch nicht so lang, wie viele befürchten. Es braucht ein gewisses Maß an Aufmerksamkeit, ein bisschen Zeit und kostet ein wenig Mühe. Richtig. Aber ich sehe es so: Beim Kochen lässt sich's entspannen oder nachdenken, ihr könnt dabei Aufregung überwinden, Wut loswerden, Revolutionen planen, trauern, eure Liebe zeigen oder einfach nur den Tag zu einem guten Ende bringen. Am besten mit Freunden und vielleicht bei einem Glas Küchenwein oder Bier. Dieses bisschen Zeit, von der es reichlich gibt, sollten wir gutem Essen in unserem Leben einräumen, das sollte es uns wert sein. Nichts kommt uns näher als Nahrung. Sie gibt uns Kraft, genau das zu tun, was wir den lieben langen Tag machen und was letztlich uns und unser Leben ausmacht. Also irgendwie ist Essen Leben.

Deshalb ist es nicht egal, wie etwas gemacht ist. Wenn etwas schnell, lieblos oder billig gemacht ist, merkt man das nämlich. Ich habe euch in diesem Buch trotzdem immer wieder Abkürzungen – sogenannte SHORT CUTS – angeboten, aber nur solche, von denen ich glaube, dass sie keine gröberen Einbußen für den Geschmack der einzelnen Speisen bedeuten.

Es macht Freude, dem Essen einen Platz im Leben einzuräumen. Dadurch bekommt es mehr Wert. Es ist wie in dem indianischen Märchen: Ein junger Mann fragt seinen weisen Großvater, wie er ein guter Mensch werden kann. Der Alte sagt: »Es wohnen zwei Wölfe in dir, ein guter und ein schlechter. Du wirst zu jenem werden, den du fütterst.« Also los geht's: Füttern wir den guten Wolf!

So funktioniert dieses Buch

Das Buch stellt in 12 Kapiteln 12 Kochideen vor, die sich beliebig variieren lassen. Jedes einzelne Kapitel baut auf einer bestimmten Grundidee auf und stellt auf den Folgeseiten einige Rezepte vor, die in der Zubereitung Schritt für Schritt nach demselben Prinzip funktionieren. Alle Rezepte kommen mit einer möglichst übersichtlichen Zutatenliste aus.

Bestimmte Zubereitungsschritte mit Erklärungsbedarf (wie etwa Eier trennen oder Zwiebeln schneiden) werden bei jedem Rezept, bei dem sie benötigt werden, auch angeführt. Da wiederholt sich dann manches, aber das ist praktischer, als ständig auf anderen Seiten nach der richtigen Anleitung zu suchen.

Ideen für Beilagen zu den einzelnen Gerichten findet ihr im hinteren Teil in einem Extra-Kapitel. Nicht jeder mag schließlich die gleichen Beilagen zu Fleischbällchen – ihr habt die Wahl.

In der schrittweisen Beschreibung der Zubereitung gebe ich an, welche Beilagen passen könnten und wann was gemacht werden sollte. Das ist manchmal ein bisschen tricky, weil mehrere Dinge gleichzeitig passieren müssen. Es kann auch durchaus ratsam sein, die Beilagen überhaupt schon vorab zuzubereiten. Mit ein bisschen Übung findet ihr da euer perfektes Timing. Die Angaben sind Vorschläge. Feel free to change!

Ich habe versucht, euch mit diesem Buch verschiedene Werkzeuge für ein grundlegendes, aber einfaches Kochverständnis in die Hand zu geben. Damit ihr es so machen könnt, wie ihr wollt. Im Idealfall verändert ihr die Rezepte durch eure Art zu kochen und macht sie so zu euren eigenen. Ganz frei und ganz nach Lust und Laune.

Jetzt wird geschnorrt!

In jeder Küche gibt es sie: überschüssige Pfannen, Töpfe, Deckel, Löffel, Schöpfer, Brettchen, Siebe und vieles mehr. Einfach Tanten, Onkel, Omas und Opas fragen, denn was es in eurer Küche an Gerätschaften braucht, um gut zu kochen, muss nicht unbedingt neu gekauft werden. Das macht dreifach Sinn. Die Geber freuen sich, es kostet weniger und es wird weniger weggeworfen. Außerdem hat so jedes Stück in der Küche schon seine kleine Geschichte.

Hier eine Liste von Dingen, die zumindest für die Realisation der Rezepte in diesem Buch gebraucht werden. Damit ist eure Küche aber auch für alles andere gut ausgerüstet.

Braten, kochen & grillen
1 beschichtete große Pfanne
1 Crêpepfanne
1 Grillpfanne
1 Schmortopf mit Deckel
3 Töpfe mit dickem Boden (groß, mittel, klein)
und mit Deckeln

Backen
2 Backbleche (Standardgröße;
sind bei jedem Herd eigentlich dabei)
1 Auflaufform (ca. 20 x 30 cm)
1 eckige Backform (ca. 25 x 35 cm)
1 Gugelhupfform (ca. 22 cm Ø)
1 Kastenform (ca. 26 x 12 cm)
1 Springform (ca. 26 cm Ø)

Messen, rühren, abseihen
1 Küchenwaage
(oder 1 Messbecher mit Gramm-Einteilung)
1 Pürierstab, Handmixer oder Küchenmaschine
1 Messbecher mit Milliliter-Einteilung
3 Rührschüsseln
1 feines Haarsieb
1 Nudelsieb

Öffnen
1 Dosenöffner
1 Flaschenöffner

Schneiden
1 kleines Gemüsemesser
1–2 Kochmesser (zum Schneiden in 2 Größen)
1 Schneidbrett (groß, dick, aus Holz)
1 Schneidbrett (klein, aus Kunststoff)

Zerkleinern & pressen
1 Gemüsehobel
1 Gemüseschäler
1 kleine Reibe (für Gewürze und Zitronenschale)
1 Vierkantreibe (für Käse, Gemüse etc.)
1 Kartoffelstampfer
1 Zitronenpresse

Sonstiges Hantieren
1 Nudelzange (für Nudeln, aber auch zum Wenden
von Fleischbällchen und Ähnlichem)
1 Pfannenwender (möglichst dünn)
1 Schaumlöffel
1 Schneebesen (aus Edelstahl)
1–2 Gummispatel (Teigschaber aus Kunststoff)
einige Kochlöffel (aus Holz)
Küchenhandschuhe oder Topflappen

Würzen
Pfeffermühle (mit Peugeot-Mahlwerk!)

Eintopf & Suppe

DIE GRUNDIDEE

Die Zutaten werden angebraten, mit Flüssigkeit aufgegossen und geschmort oder gekocht.

DAS VERHÄLTNIS

Die festen Zutaten sollten mit Flüssigkeit bedeckt sein, damit sie darin weich kochen können.

Bunter Bohnentopf

> **VOR DEM START**

Rezept durchlesen, alle benötigten Küchenutensilien zurechtlegen. Zutaten wiegen oder abmessen und bereitstellen.

Zutaten
Für ca. 4 Personen

2 Knoblauchzehen
1 Zwiebel
4 Stiele Stangensellerie
1 Stange Lauch
1–2 rote Chilischoten
3 cm frischer Ingwer
2 EL Olivenöl
125 ml Weißwein
400 g Tomatenstücke (1 Dose)
1–2 Glas Wasser
Salz & Pfeffer
500 g gemischte Bohnen
(kann auch nur 1 Sorte sein,
alle aus der Dose)

Außerdem
je ½ Bund Petersilie
& Liebstöckel

1. Vorbereiten

Knoblauch schälen, halbieren, zuerst in Scheiben, dann in kleine Würfel schneiden. Zwiebel würfeln.* Stangensellerie in Scheibchen schneiden. Lauch in schmale Ringe schneiden, in einem Sieb waschen, bis alle Erde entfernt ist, und abtropfen lassen. Chilischote(n) halbieren, entkernen und fein hacken.** Ingwer schälen und ebenfalls fein hacken.

* Enden der Zwiebel abschneiden und die äußeren Hautschichten abziehen. Zwiebel halbieren. Auf die Schnittseite legen und quer in dünne Scheiben schneiden, dabei nicht ganz durchschneiden. Dann im 90°-Winkel zur ersten Schnittrichtung wieder in Scheiben schneiden, so entstehen Würfel. Je feiner die Scheiben, desto feiner die Würfel.

** Nach dem Schneiden von Chilis bitte die Hände waschen. Sonst brennt's später irgendwann.

4. Beilagen machen

Dazu passt gebratenes Pitabrot (S. 161).

5. Finalisieren & servieren

Blättchen der Kräuter abzupfen und fein hacken.*** Kurz vor dem Servieren untermischen. Bohnentopf im Topf oder auf Tellern servieren.

2. Anbraten

Olivenöl in einem großen, schweren Topf bei mittlerer Hitze erwärmen. Zwiebelwürfel darin kräftig anbraten, aber nicht anbrennen lassen. Knoblauch dazugeben und ca. 1 Minute weiterbraten. Nun Stangensellerie, Lauch, Ingwer und Chili dazugeben. 2 Minuten weiterbraten.

3. Ablöschen, aufgießen & schmoren

Mit Weißwein ablöschen, dass es zischt. Wein so lange einkochen lassen, bis er wieder weg ist. Nun die Tomaten samt Saft dazugeben und eventuell etwas Wasser beifügen. 3 Minuten einkochen lassen. Mit Salz und Pfeffer kräftig würzen. Etwa 20 Minuten schmoren. Bohnen in ein Sieb schütten, abtropfen lassen, zum Schluss untermischen und warm ziehen lassen.

*** Kräuter sollten immer mit einem wirklich scharfen Messer geschnitten oder gehackt werden. Ist das nicht der Fall, werden sie nämlich gequetscht statt geschnitten. Das macht ihre feinen Aromen kaputt. Und das wollen wir nicht!

Variante

Kartoffelgulasch

VOR DEM START
Rezept durchlesen, alle benötigten Küchenutensilien zurechtlegen. Zutaten wiegen oder abmessen und bereitstellen.

Zutaten

Für 6–8 Personen

2 Knoblauchzehen

2 Zwiebeln

1 Stange Lauch

je 2 gelbe* & orange Karotten

700 g Kartoffeln

300 g Süßkartoffeln (1–2 Stück)

1 Bund frischer Majoran (oder Petersilie)

1–2 EL Butterschmalz

1 TL Kümmel (ganz oder gemahlen)

2 TL Paprika edelsüß

½ TL Chilipulver

Salz & Pfeffer

400 g Sauerrahm (2 Becher)

1 EL scharfer Senf

* Das sind die gelben Karotten, die auch beim Suppengrün dabei sind.

1. Vorbereiten

Knoblauch schälen, halbieren, zuerst in Scheiben, dann in kleine Würfel schneiden. Zwiebeln würfeln.* Lauch in Scheibchen schneiden, in einem Sieb waschen, bis alle Erde entfernt ist, und abtropfen lassen. Karotten schälen, halbieren und in Scheibchen schneiden. Beide Kartoffelsorten schälen und grob würfeln. Majoran- oder Petersilienblättchen abzupfen und fein hacken.**

* Enden der Zwiebel abschneiden und die äußeren Hautschichten abziehen. Zwiebel halbieren. Auf die Schnittseite legen und quer in dünne Scheiben schneiden, dabei nicht ganz durchschneiden. Dann im 90°-Winkel zur ersten Schnittrichtung wieder in Scheiben schneiden, so entstehen Würfel. Je feiner die Scheiben, desto feiner die Würfel.

** Kräuter sollten immer mit einem wirklich scharfen Messer geschnitten oder gehackt werden. Ist das nicht der Fall, werden sie nämlich gequetscht statt geschnitten. Das macht ihre feinen Aromen kaputt. Und das wollen wir nicht!

2. Anbraten

Butterschmalz in einem Topf mit dickem Boden zerlassen. Zwiebeln und Lauch darin bei kleiner Hitze anbraten. Knoblauch dazugeben und ca. 1 Minute weiterbraten. Nun Kümmel und Paprika dazugeben und mild anbraten, ohne dass die Gewürze anbrennen (sonst wird es bitter). Karotten und alle Kartoffeln dazugeben. 2 Minuten weiterbraten. Mit Chilipulver, Salz und Pfeffer kräftig würzen. Kurz mitbraten, bis es gut duftet.

3. Ablöschen, aufgießen & schmoren

Mit ca. 1 Liter Wasser aufgießen. Einmal aufkochen lassen. Dann die Hitze reduzieren. Die Hälfte des gehackten Majorans dazugeben. Zudecken und kochen, bis die Kartoffeln und Karotten bissfest sind. Das dauert ca. 20 Minuten. Wenn nötig (weil sich das Gulasch am Topfboden anlegen will) mehr Wasser dazugießen.

4. Beilagen machen

Dazu passen gebratene Debreziner (S. 165) oder andere in Stücke geschnittene Wurst.

5. Finalisieren & servieren

Sauerrahm glatt rühren und ins Gulasch einrühren. Mit Salz, Senf und Pfeffer endgültig abschmecken. Falls das Gulasch zu dünnflüssig ist, einfach mit dem Stabmixer im Topf ein, zwei Runden drehen, dann wird's sämiger. Oder etwas Gulasch herausnehmen und mit einer Gabel zerdrücken. Dann wieder untermischen. Den restlichen Majoran untermischen. Auf tiefe Teller oder Schüsseln verteilen und mit einem Klecks Sauerrahm servieren.

Rindsgulasch

VOR DEM START

Rezept durchlesen, alle benötigten Küchenutensilien zurechtlegen. Zutaten wiegen oder abmessen und bereitstellen.

Zutaten

Für 4–6 Personen

800 g Zwiebeln
1 Knoblauchzehe
Salz
4 EL Butterschmalz
(oder Schweineschmalz)
1 Spritzer Essig
1 TL Paprika edelsüß
1 TL Paprika scharf
1 EL Tomatenmark
500–750 ml Rindsuppe
(kann auch fertige sein)
je ½ TL gemahlener Kümmel
& Majoran
800 g Gulaschfleisch
(meist ist es schon gewürfelt)
1–2 EL Marillenmarmelade
2 EL Mehl (universal, optional)

Außerdem

Sauerrahm

1. Vorbereiten

Zwiebeln schälen, halbieren und mit dem Gemüsehobel in feine Scheiben hobeln.*
(Achtung auf die Finger!) Knoblauch schälen, halbieren, zuerst in Scheiben, dann in kleine Würfel schneiden. Mit Salz bestreuen und mit der flachen Seite eines Messers zu einer Paste zerdrücken.

* Das geht am besten und ganz ohne Tränen mit einem wirklich guten Marken-Gemüse-hobel – die sind ein bisschen teurer, funktionieren aber toll und bleiben sehr lange sehr scharf. Wer trotzdem mit dem Messer arbeiten will, halbiert die Zwiebeln und legt sie für ca. 5–10 Minuten in eine Schüssel mit eiskaltem Wasser. Auch das verhindert, dass beim Schneiden Tränen fließen.

2. Anbraten

Butterschmalz (oder Schweineschmalz) in einem großen Topf mit dickem Boden zerlassen. Zwiebeln darin bei kleiner Hitze unter Rühren 20 Minuten goldgelb braten. Es ist wichtig, den Zwiebeln beim Anbraten Zeit zu lassen, damit sie ihr wunderbar süßes Aroma entwickeln können. Knoblauch dazugeben, kurz mitbraten.

3. Ablöschen, aufgießen & schmoren

Mit Essig ablöschen. Hitze reduzieren, nun beide Paprikapulver und Tomatenmark dazuge-ben. 1–2 Minuten sanft durchziehen lassen. (Der Paprika darf nicht anbrennen, sonst wird er bitter.) Mit 125 ml Suppe aufgießen und bei kleiner Hitze aufkochen lassen. Kümmel und Majoran einrühren. Das Fleisch einlegen. Mit aufgelegtem, aber nicht ganz geschlossenem Deckel ca. 2 Stunden schmoren. Dabei immer wieder Suppe nachgießen und umrühren, sodass das Fleisch immer mit Flüssigkeit bedeckt ist.

4. Beilagen machen

Dazu passen Nockerl (S. 163) oder frisches knuspriges Gebäck.

5. Finalisieren & servieren

Gegen Ende der Garzeit nochmals abschmecken und die Marillenmarmelade einrühren. Wer das Gulasch dickflüssiger haben will, siebt 2 EL Mehl darüber und verrührt es gut. Nochmals 5 Minuten köcheln lassen. Das Gulasch ist fertig, wenn das Fleisch butterweich ist. Im Topf oder auf Tellern servieren. Wer mag, bekommt einen Klecks Sauerrahm obendrauf!

TIPP Am besten schmeckt Gulasch, wenn es vollständig abgekühlt und am nächsten Tag wieder aufgewärmt wird.

Variante

Gemüsecurry

VOR DEM START

Rezept durchlesen, alle benötigten Küchenutensilien zurechtlegen. Zutaten wiegen oder abmessen und bereitstellen.

Zutaten

Für 4–6 Personen

1–2 rote oder grüne Chilischoten
2 cm frischer Ingwer
3 Zwiebeln
2 Knoblauchzehen
3 Tomaten
1 kg Gemüse (Karotten, Brokkoli, Karfiol, Kartoffeln, Süßkartoffeln, Erbsen oder Spinat – auch TK)
4 EL ÖL
2 TL Senfkörner
1 TL Bockshornklee (optional)
1 Handvoll frische Curryblätter*
½ TL Chilipulver
3 TL Kurkuma
2 TL Garam Masala
1–2 Glas Wasser
1 l Kokosmilch
Salz & Pfeffer
125 ml Mangopulpe
1 Bund Koriander

* Frische Curryblätter sind toll, aber schwer zu bekommen. Es geht auch mit getrockneten, ist aber nicht dasselbe. Ihr könnt auch 3–4 Limettenblätter nehmen, die gibt es im Asia-Laden frisch oder tiefgefroren.

1. Vorbereiten

Chilischoten halbieren und entkernen.* Ingwer schälen und mit den Chilis fein hacken. Zwiebeln schälen, halbieren und in feine Scheiben schneiden. Knoblauch schälen, halbieren, zuerst in Scheiben, dann in kleine Würfel schneiden. Tomaten würfeln. Alle weiteren Gemüse je nach Bedarf putzen, schälen, in Scheiben oder Würfel oder mundgerechte Stücke schneiden.

* Nach dem Schneiden von Chilis bitte die Hände waschen. Sonst brennt's später irgendwann.

2. Anbraten

Öl in einen großen, schweren Topf geben. Senfkörner beifügen und bei mittlerer Hitze erwärmen, bis sie platzen. Bockshornklee dazu und 1 Minute weiterbraten. Dann kommen die Curryblätter (Limettenblätter), das spritzt und riecht kurz komisch. 1 Minute mitbraten. Ingwer, Knoblauch, Chilis und alle Gewürze dazu und kurz mitbraten, aber nicht anbrennen lassen. Zwiebeln, Tomaten und alle anderen Gemüse dazugeben. Das Ganze nun ca. 5 Minuten braten.

3. Ablöschen, aufgießen & schmoren

Mit 1–2 Glas Wasser (à 200 ml) ablöschen. Dann mit Kokosmilch aufgießen. Etwa 20–30 Minuten schmoren, bis das Gemüse weich ist. Werden Spinat und Erbsen verwendet, diese erst kurz vor Ende der Garzeit untermischen. Mit Salz und Pfeffer abschmecken.

4. Beilagen machen

Dazu passt Basmatireis (S. 161).

5. Finalisieren & servieren

Koriander samt Stängeln sehr fein hacken. Curry mit Mangopulpe und frischem Koriander verfeinern. Auf Teller verteilen und servieren.

FREESTYLE Wird ein Hühnercurry gemacht, dann pro Person 1 Hühneroberkeule salzen und in einer extra Pfanne in 1–2 EL Butterschmalz rundherum knusprig anbraten. Zusammen mit dem Bratfett und Gemüse zum Curry geben und mitschmoren.

Klare Suppe mit Einlage

Bitte umblättern →

VOR DEM START

Rezept durchlesen, alle benötigten Küchenutensilien zurechtlegen. Zutaten wiegen oder abmessen und bereitstellen.

Zutaten
Für ca. 2 Liter Suppe

3 Bund Suppengrün
1 kleine Knollensellerie
3 Stiele Stangensellerie
1 Fenchel
5 Karotten
2 Zwiebeln
2 Knoblauchzehen
2 EL Olivenöl

Gewürze
5 Lorbeerblätter
3 Zweige Thymian
½ EL Wacholderbeeren
1 Bund Petersilie

Zusätzlich
orange & gelbe Karotten
& Erbsen als Einlage

Für eine Hühnersuppe zusätzlich
2–3 cm Ingwer mit Schale
1 Kohlrabi
500 g Hühnerflügel
(oder 1 ganzes
Suppenhuhn)

Für eine Rindsuppe zusätzlich
500 g Suppenfleisch
2 Rinderknochen

1. Vorbereiten
Alle Gemüse putzen oder schälen und in Stücke schneiden. 1 Zwiebel samt Schale vierteln. Die andere schälen und grob würfeln.* Knoblauch schälen, halbieren, zuerst in Scheiben, dann in kleine Würfel schneiden.

* Enden der Zwiebel abschneiden und die äußeren Hautschichten abziehen. Zwiebel halbieren. Auf die Schnittseite legen und quer in dünne Scheiben schneiden, dabei nicht ganz durchschneiden. Dann im 90°-Winkel zur ersten Schnittrichtung wieder in Scheiben schneiden, so entstehen Würfel. Je feiner die Scheiben, desto feiner die Würfel.

2. Anbraten
Olivenöl in einem großen Topf erhitzen und zuerst Zwiebelwürfel und Knoblauch darin anbraten. Dann das restliche Gemüse und die Zwiebelviertel in der Schale dazugeben und 3–5 Minuten anbraten. Gewürzzutaten hinzufügen.

3. Ablöschen, aufgießen & kochen
Ablöschen entfällt. Mit Wasser (2–3 Liter) aufgießen, bis das Gemüse vollständig bedeckt ist. Einmal aufkochen lassen. Hitze reduzieren und zugedeckt ca. 1 Stunde köcheln lassen.

Für Hühnersuppe Hühnerfleisch und seine zusätzlichen Zutaten dazugeben.*
Für Rindsuppe Rindfleisch und die Knochen dazugeben.*

* Bei Hühner- und Fleischsuppe müsst ihr den Schaum, der durch das Kochen entsteht, 1–2 Mal mit einem Löffel abschöpfen.

4. Beilagen machen
Je nachdem welche Einlage verwendet wird, jetzt zubereiten. Es passen Frittaten oder (Asia-)Nudeln (S. 163), in extra Wasser gekocht, abgeseiht und abgeschreckt.

Variante

5. Finalisieren & servieren

Suppe durch ein Sieb abseihen. Gemüse für die Einlage putzen und in gewünschte Form schneiden. Salzwasser zum Kochen bringen, das Gemüse darin blanchieren. (Heißt: 2 Minuten in sprudelndem Salzwasser kochen.) Abseihen und kalt abschrecken. (Das Abschrecken ist wichtig, damit das Gemüse seine Farbe behält.) Erbsen einfach gefroren in die Suppe geben. Suppe nochmals gut erwärmen, das Gemüse 1–2 Minuten darin warm ziehen lassen. Bei Fleischsuppen: Hühnerfleisch von den Knochen lösen, Rindfleisch einfach zerzupfen. Knochen entsorgen. Fleisch wieder in die Suppe geben. Mit Beilagen servieren. Gekochte Suppennudeln in einem extra Topf in etwas Suppe warm ziehen lassen. Dann auf Teller verteilen und mit Suppe übergießen. Frittaten erst kurz vor dem Servieren in die Suppe geben. (Dafür sollte die Suppe sehr heiß sein.)

TIPP Ihr könnt alle Gemüse-/Kräuterreste, die beim Kochen so anfallen, in einem Gefrierbeutel im Tiefkühler aufheben. Das darf alles in die Suppe. So kann Gemüse wirklich bis zum letzten Bisschen sinnvoll genutzt werden.

RIP Das in der Suppe mitgekochte, abgeseihte Gemüse nicht wegwerfen, sondern noch einmal mit Wasser bedecken und 30 Minuten köcheln. Dann abseihen und das Gemüse wegwerfen. Das so entstandene Gemüsewasser einfrieren und beim nächsten Mal, wenn Suppe gekocht wird, statt normalem Wasser verwenden. Macht jede Suppe noch gehaltvoller.

Variante

Cremesuppe

Zutaten
Für 4–6 Personen

Rote Rübe
1 kg Rote Rüben
1 Stange Lauch
1 Zwiebel
2 EL Butterschmalz
(oder Olivenöl)
1 EL Tomatenmark
2 TL Kümmel
2 EL Zucker
2 EL Essig
Salz & Pfeffer
1 l Gemüsesuppe (oder Wasser)
125 ml Schlagobers (optional)

Außerdem
6 cm frische Krenwurzel
(oder Menge nach Geschmack)
Dill
Sauerrahm
(zum Verfeinern)

Karotte
1 kg Karotten
1 Stange Lauch
1 Zwiebel
2 EL Olivenöl
2 TL Kreuzkümmel
je ¼ TL Curry- & Chilipulver
Salz & Pfeffer
1 l Gemüsesuppe (oder Wasser)
125 ml Schlagobers (optional)

Außerdem
Kernöl
(jede Portion mit
ca. 1 TL beträufeln)

1. Vorbereiten
Rote Rüben (oder andere Gemüse) schälen und würfeln. Das gibt ganz rote Hände, geht aber wieder weg. Vom Lauch die Wurzeln abschneiden. Weiße und hellgrüne Teile in Scheibchen schneiden, in einem Sieb waschen, bis alle Erde entfernt ist, und abtropfen lassen. Zwiebel schälen und würfeln.*

* Enden der Zwiebel abschneiden und die äußeren Hautschichten abziehen. Zwiebel halbieren. Auf die Schnittseite legen und quer in dünne Scheiben schneiden, dabei nicht ganz durchschneiden. Dann im 90°-Winkel zur ersten Schnittrichtung wieder in Scheiben schneiden, so entstehen Würfel. Je feiner die Scheiben, desto feiner die Würfel.

2. Anbraten
Butterschmalz in einem großen Topf zerlassen. Zwiebelwürfel und Lauch darin 1–2 Minuten anbraten. Rübenwürfel dazugeben und nochmals 1 Minute braten. Tomatenmark, Kümmel, Zucker und Essig (oder die entsprechenden Gewürze für die anderen angegebenen Cremesuppen) dazugeben kurz durchrühren. Mit Salz und Pfeffer würzen.

3. Ablöschen, aufgießen & kochen
Ablöschen entfällt. Mit Wasser oder Suppe aufgießen, bis alles bedeckt ist. Einmal aufkochen lassen, dann bei kleiner Hitze ca. 30 Minuten köcheln lassen, bis die Rüben weich sind. (Bei Brokkolicremesuppe die Erbsen ganz zum Schluss dazugeben.)

4. Beilagen machen
Entfällt.

Bitte umblättern →

Brokkoli

800 g Brokkoli

200 g Erbsen (TK)

1 Zwiebel

1 Stange Lauch

2 EL Olivenöl

je ½ TL gemahlene
Muskatnuss & Anis

½ Bund Dill

Salz & Pfeffer

500–700 ml Gemüsesuppe
(oder Wasser)

125 ml Schlagobers (optional)

Außerdem

Limettensaft
(jede Portion mit ein paar
Spritzern beträufeln)

5. Finalisieren & servieren

Kren reiben. Dillblättchen abzupfen und mit einem scharfen Messer hacken.* Suppe im Mixer pürieren und wenn gewünscht mit Schlagobers aufgießen (das macht sie reichhaltiger und cremiger). Nochmals abschmecken und mit Kren, einem Klecks Sauerrahm und Dill servieren.

* Kräuter sollten immer mit einem wirklich scharfen Messer geschnitten oder gehackt werden. Ist das nicht der Fall, werden sie nämlich gequetscht statt geschnitten. Das macht ihre feinen Aromen kaputt. Und das wollen wir nicht!

ÜBRIGENS Cremesuppe wird wie Suppe gemacht, aber zum Schluss püriert. Die Zubereitung der Karotten- und Brokkolisuppe funktioniert wie die Rote-Rüben-Suppe, nur mit anderen Gewürzen.

Frittata & Co

DIE GRUNDIDEE

Gebratene oder gebackene Ei-Masse wird mit verschiedenen Zutaten gefüllt oder belegt.

DAS VERHÄLTNIS

Ei-Masse : Füllung | ca. 1 : 1
Dabei gilt: 1 Ei mittlerer Größe (M) wiegt ca. 60 g.

Frittata

> **VOR DEM START**
Rezept durchlesen, alle benötigten Küchenutensilien zurechtlegen. Zutaten wiegen oder abmessen und bereitstellen.

Zutaten
Für 4–6 Personen

400–500 g Lauch
(oder Gemüse nach Wahl)
1 Zwiebel
60–80 g Käse nach Wahl
(etwa mittelalter
Ziegenkäse oder Gouda oder
was an Käseresten weg muss)
4 EL Butter
plus 1 EL für die Form
1 EL Zucker
Salz & Pfeffer
je ½ TL gemahlener Zimt,
Kreuzkümmel & Chili
7 Eier

1. Vorbereiten

Ofen auf 180 °C Ober-/Unterhitze (oder 160 °C Umluft) vorheizen. Wurzeln der Lauchstangen entfernen, weiße und hellgrüne Teile in feine Scheibchen schneiden. In einem Sieb mit kaltem Wasser abspülen, bis alle Erde weg ist, und gut abtropfen lassen. Zwiebel schälen und fein hacken.* Käse reiben.

* Enden der Zwiebel abschneiden und die äußeren Hautschichten abziehen. Zwiebel halbieren. Auf die Schnittseite legen und quer in dünne Scheiben schneiden, dabei nicht ganz durchschneiden. Dann im 90°-Winkel zur ersten Schnittrichtung wieder in Scheiben schneiden, so entstehen Würfel. Je feiner die Scheiben, desto feiner die Würfel.

4. Beilagen machen

Dazu passt ein Kräuter-Dip (S. 159) oder Tomatensalat (S. 157).

5. Finalisieren & servieren

Frittata in der Form oder auf Tellern servieren. Eventuell mit etwas zusätzlich geriebenem Käse bestreuen.

FREESTYLE Die Frittata schmeckt zum Beispiel auch mit Zucchini, Spinat oder Erbsen. Die Gewürze können dann auch variieren. Zu Erbsen passt Ingwer, zu Spinat etwas Knoblauch und Muskat, zu Zucchini Oregano oder Basilikum. Einfach ausprobieren, was sich gut anfühlt! Ihr könnt die Frittata auch kalt essen.

2. Anbraten

Butter in einer beschichteten Pfanne zerlassen und darin Zwiebelwürfel und Lauch bei mittlerer Hitze anbraten. Mit Zucker, Salz und Pfeffer würzen. 10 Minuten unter gelegentlichem Rühren weiterbraten, bis das Gemüse weich ist. Mit den restlichen Gewürzen abschmecken. Von der Hitze nehmen und abkühlen lassen.

3. Mischen & backen

Eier in einer Schüssel gut verquirlen. Käse hinzufügen. Zusammen mit dem abgekühlten Lauch untermischen. Eine Auflaufform (ca. 20 x 30 cm) gut buttern. Masse einfüllen und auf mittlerer Schiene in den Ofen schieben. Etwa 15–20 Minuten goldgelb backen, bis die Frittata herrlich duftet.

Variante

Tortilla

Zutaten
Für 4 Personen

4 Kartoffeln (1 pro Person)
1 Zwiebel
2 EL Butter
4 Eier (1 pro Person)
Salz & Pfeffer

1. Vorbereiten

Backofen auf Grillfunktion vorheizen. Kartoffeln schälen und in wirklich kleine Würfel schneiden. Zwiebel schälen und fein würfeln.*

* Enden der Zwiebel abschneiden und die äußeren Hautschichten abziehen. Zwiebel halbieren. Auf die Schnittseite legen und quer in dünne Scheiben schneiden, dabei nicht ganz durchschneiden. Dann im 90°-Winkel zur ersten Schnittrichtung wieder in Scheiben schneiden, so entstehen Würfel. Je feiner die Scheiben, desto feiner die Würfel.

2. Anbraten

Butter in einer ofenfesten Pfanne zerlassen, Kartoffeln darin bei kleiner bis mittlerer Hitze ca. 15 Minuten anbraten, bis sie rundum goldgelb und weich sind. Das dauert zwar ein bisschen, lohnt sich aber geschmacklich. Zwiebelwürfel dazugeben und weitere 5 Minuten anbraten.

3. Mischen & grillen (statt backen)

Eier in einer Schüssel verquirlen. Mit Salz und Pfeffer kräftig würzen. (Kartoffeln vertragen viel Salz.) Kartoffelwürfel schön am Pfannenboden verteilen und die Ei-Masse gleichmäßig darübergießen. Bei kleiner Hitze braten, bis sich die Ränder etwas anheben (aufpassen, dass nichts anbrennt). In den Ofen unter den Grill schieben und grillen, bis die Tortilla goldgelb ist und herrlich duftet. Die Mitte sollte noch ein wenig weich sein.

4. Beilagen machen

Dazu passt ein Spicy Dip (S. 167).

5. Finalisieren & servieren

Tortilla auf einen Teller stürzen. Dafür Küchenhandschuhe anziehen (die Pfanne ist heiß), einen Teller auf die Pfanne legen und mit Schwung umdrehen.

Variante

Omelett

VOR DEM START
Rezept durchlesen, alle benötigten Küchenutensilien zurechtlegen. Zutaten wiegen oder abmessen und bereitstellen.

Zutaten
Für 2 Personen

3 Eier
Salz
60 g Käse
(Ziegenkäse, Parmesan oder was sonst gerne gemocht wird)
2 EL Schlagobers
30 g Butter

1. Vorbereiten
Eier trennen.* Eiweiß mit ein wenig Salz steif schlagen. Käse reiben.

* Das Trennen von Eiern geht am besten mit den Händen: Dafür zwei Schüsseln bereitstellen. (Es ist wichtig, dass die Eiweiß-Schüssel fettfrei ist und sich beim Trennen kein Eigelb reinschummelt.) Ei vorsichtig am Schüsselrand aufschlagen, bis die Schale einen Knacks bekommt. Über der Eiweiß-Schüssel öffnen, Eiweiß und Eigelb in eine Hand gleiten lassen, dabei rinnt das Eiweiß durch die Finger in die Schüssel. Eigelb in die andere Schüssel geben.

2. Anbraten
Entfällt. (Wird das Omelett gefüllt, wird hier die Füllung gemacht. Da wird dann manchmal auch angebraten.)

3. Mischen & braten
Eigelb mit Schlagobers verquirlen. Käse untermischen. Zum Schluss den Schnee vorsichtig mit einem Gummispatel unter die Masse mischen. Butter in einer Pfanne zerlassen. Ei-Masse in die Pfanne gießen. Etwa 2–3 Minuten fest werden lassen. Eventuell einen Deckel auflegen, wenn das Omelett ganz fest werden soll.

4. Beilagen machen
Dazu passt ein Tomatensalat (S. 157).

5. Finalisieren & servieren
Aus der Pfanne auf einen Teller gleiten lassen und zusammenklappen. Eventuell mit etwas zusätzlich geriebenem Käse bestreuen.

TIPP Wer mag, wendet das Omelett. Dafür Küchenhandschuhe anziehen, eine zweite gebutterte Pfanne auf die Omelettpfanne legen und mit einem beherzten Schwung umdrehen. Zurück auf den Herd stellen und so fertig braten. Aber mit dem Deckel funktioniert es auch und ist einfacher.

Variante

Omelett mit Füllung

VOR DEM START

Rezept durchlesen, alle benötigten Küchenutensilien zurechtlegen. Zutaten wiegen oder abmessen und bereitstellen.

Zutaten

Für 2 Personen

3 Eier
Salz
60 g Käse
(Ziegenkäse, Parmesan oder was sonst gerne gemocht wird)
2 EL Schlagobers
30 g Butter

Champignon-Füllung

150 g Champignons
1 kleine Zwiebel
1 EL Butter
Salz, Pfeffer
& gemahlener Anis

Schinken-Füllung

150 g Schinken
1 EL Butter
Salz, Pfeffer
& gemahlener Anis

Frischkäse-Füllung

2 Frühlingszwiebeln
3 Cherrytomaten
½ gelber Paprika
150 g Ziegenfrischkäse
Salz & Pfeffer

1. Vorbereiten

Eier trennen.* Eiweiß mit ein wenig Salz steif schlagen. Käse reiben.

* Das Trennen von Eiern geht am besten mit den Händen: Dafür zwei Schüsseln bereitstellen. (Es ist wichtig, dass die Eiweiß-Schüssel fettfrei ist und sich beim Trennen kein Eigelb reinschummelt.) Ei vorsichtig am Schüsselrand aufschlagen, bis die Schale einen Knacks bekommt. Über der Eiweiß-Schüssel öffnen, Eiweiß und Eigelb in eine Hand gleiten lassen, dabei rinnt das Eiweiß durch die Finger in die Schüssel. Eigelb in die andere Schüssel geben.

2. Anbraten

Füllung machen. Nicht alle Füllungen werden angebraten.

Champignons Pilze waschen, Stiele kürzen und Pilze in dünne Scheiben schneiden. Zwiebel würfeln.* Butter in einer Pfanne zerlassen. Zwiebel darin anbraten. Champignons dazugeben und ca. 3 Minuten braten, bis sie weich sind. Kräftig würzen.

* Enden der Zwiebel abschneiden und die äußeren Hautschichten abziehen. Zwiebel halbieren. Auf die Schnittseite legen und quer in dünne Scheiben schneiden, dabei nicht ganz durchschneiden. Dann im 90°-Winkel zur ersten Schnittrichtung wieder in Scheiben schneiden, so entstehen Würfel. Je feiner die Scheiben, desto feiner die Würfel.

Schinken Schinken in Streifen schneiden. Butter in einer Pfanne zerlassen. Schinken darin bei kleiner Hitze ca. 1–2 Minuten bräunen. (Muss aber nicht sein.) Evtl. würzen.

Frischkäse Wurzeln der Frühlingszwiebeln abschneiden. Äußere Schicht entfernen oder waschen. Weiße und hellgrüne Teile in feine Ringe schneiden. Tomaten in Würfel schneiden. Trennwände und Kerne der Paprikahälfte entfernen. Fruchtfleisch in kleine Würfel schneiden. Frischkäse mit allen Gemüsen mischen, glatt rühren und kräftig würzen.

Bitte umblättern →

Variante

3. Mischen & braten

Eigelb mit Schlagobers verquirlen. Käse untermischen. Zum Schluss den Schnee vorsichtig mit einem Gummispatel unter die Masse mischen. Butter in einer Pfanne zerlassen. Ei-Masse in die Pfanne gießen. Etwa 2–3 Minuten fest werden lassen. Eventuell einen Deckel auflegen, wenn das Omelett ganz fest werden soll.

4. Beilagen machen

Dazu passt Tomatensalat oder grüner Salat (S. 157).

5. Finalisieren & servieren

Omelett auf einen Teller gleiten lassen, füllen, halb zuklappen und servieren. Eventuell mit etwas zerlassener Butter beträufeln (bei Champignon- und Schinkenfüllung) oder mit frischen Kräutern bestreuen (bei Frischkäsefüllung).

First things first

Beim Kochen gibt es das sogenannte Mis en place. Damit ist das Vorbereiten der Zutaten gemeint, die man fürs Kochen braucht. Und da sind wirklich alle gemeint, also bis hin zu Gewürzen und gehackten Kräutern und geriebenem Käse, die ganz zum Schluss dran-, drüber- oder draufkommen. All das stellt man sich bereit, bevor es richtig losgeht. Das ist eine erstaunlich einfache Methode, um sich den Spaß am Kochen zu erhalten.

Das Allerwichtigste ist aber, die Rezepte vor dem Zubereiten einmal ganz durchzulesen, sonst kann man ja gar nicht alles vorbereiten. Beim Durchlesen kocht man das Rezept quasi im Kopf schon einmal durch und kann den vorgeschlagenen Ablauf überdenken. Das alles vermeidet eine Menge Stress. Wer mal mitten im Kochen bemerkt hat, dass er jetzt klein geschnittene Karotten braucht und die noch nicht geschnitten sind, oder ein Sieb, das ganz oben am Schrank liegt und nur mit der Leiter (wo ist die noch mal – im Keller?) herunterzuholen ist, weiß, wovon ich spreche. Stress pur!

Pasta

DIE GRUNDIDEE

Al dente (bissfest) gekochte Nudeln
werden mit warmer oder kalter Sauce serviert.

DAS VERHÄLTNIS

Fürs Pastakochen:
1000 ml Wasser : 100 g Pasta : 60 g Salz (½–1 Handvoll)
Kleiner Hunger: 80–90 g trockene Pasta pro Person
Großer Hunger: 100–110 g trockene Pasta pro Person

Grund rezept

Spaghetti mit Tomatensauce

> **VOR DEM START**
Rezept durchlesen, alle benötigten Küchenutensilien zurechtlegen. Zutaten wiegen oder abmessen und bereitstellen.

Zutaten
Für ca. 4 Personen

Sauce
2 Knoblauchzehen
2 Zwiebeln
2 EL Olivenöl
800 g geschälte Tomaten
(2 Dosen, gute Qualität;
oder frische, reife Tomaten
in Stücken)
1 Lorbeerblatt
½ TL Chiliflocken
2 TL Zucker
Oregano & Basilikum
(beides getrocknet)
Salz & Pfeffer

Außerdem
360–400 g Spaghetti
80–100 g Parmesan
Olivenöl zum Beträufeln

1. Vorbereiten

Knoblauch schälen, halbieren, zuerst in Scheiben, dann in kleine Würfel schneiden. Zwiebeln schälen und würfeln.* Parmesan reiben.

* Enden der Zwiebel abschneiden und die äußeren Hautschichten abziehen. Zwiebel halbieren. Auf die Schnittseite legen und quer in dünne Scheiben schneiden, dabei nicht ganz durchschneiden. Dann im 90°-Winkel zur ersten Schnittrichtung wieder in Scheiben schneiden, so entstehen Würfel. Je feiner die Scheiben, desto feiner die Würfel.

4. Finalisieren & servieren

Pasta in einem Topf mit dem zurückbehaltenen Wasser und etwas Salz und Pfeffer mischen. Pasta mit Tomatensauce, Parmesan und ein paar Tropfen Olivenöl servieren.

ÜBRIGENS Das Nudelwasser muss RICHTIG salzig sein. Wenn ihr es kostet, muss es so salzig sein, dass ihr das Gesicht verzieht.

→

2. Sauce machen

Olivenöl in einem Topf erhitzen. Zwiebeln darin kurz anbraten, bis sie glasig werden. Knoblauch dazugeben und ca. 1 Minute mitbraten. Dosentomaten (oder frische Tomaten) sowie alle Gewürze dazugeben. (Ruhig kräftig würzen.) Etwa 1 Stunde zugedeckt leise köcheln lassen. Zum Schluss offen bei großer Hitze ca. 10 Minuten unter ständigem Rühren etwas eindicken lassen.

3. Pasta kochen

→

Spaghetti in einem Topf in reichlich sprudelnd kochendem Salzwasser al dente (bissfest) kochen. Abseihen. Etwas Pastawasser zurückbehalten.

Variante

Penne mit Gemüse- oder Fleischsugo

Zutaten

Für ca. 4–6 Personen

2 Knoblauchzehen

1 Zwiebel

500–600 g Gemüse nach Wahl (etwa Zucchini, Karotten, Fenchel)

oder

500–600 g gemischtes Faschiertes (⅔ Rind, ⅓ Schwein)

2 EL Olivenöl

125 ml Weißwein (für Gemüse)

oder

125 ml Rotwein (für Fleisch)

800 g geschälte Tomaten (2 Dosen, gute Qualität)

1 Lorbeerblatt

½ TL Chiliflocken

2 TL Zucker

Oregano & Basilikum (beides getrocknet)

Salz & Pfeffer

Außerdem

360–400 g Penne

80–100 g Parmesan

Olivenöl zum Beträufeln

1. Vorbereiten

Knoblauch schälen, halbieren, zuerst in Scheiben, dann in kleine Würfel schneiden. Zwiebel schälen und würfeln.* Gemüse (für Gemüsesugo) fein würfeln. Parmesan reiben.

* Enden der Zwiebel abschneiden und die äußeren Hautschichten abziehen. Zwiebel halbieren. Auf die Schnittseite legen und quer in dünne Scheiben schneiden, dabei nicht ganz durchschneiden. Dann im 90°-Winkel zur ersten Schnittrichtung wieder in Scheiben schneiden, so entstehen Würfel. Je feiner die Scheiben, desto feiner die Würfel.

2. Sauce machen

Olivenöl in einem Topf erhitzen. Zwiebelwürfel darin kurz anbraten, bis sie glasig werden. Knoblauch dazugeben und ca. 1 Minute mitbraten. Gemüse oder Fleisch dazugeben und ein paar Minuten anbraten. Mit Weiß- oder Rotwein ablöschen und weiterköcheln, bis der Wein wieder weg ist. Dosentomaten sowie alle Gewürze dazugeben. (Ruhig kräftig würzen.) Etwa 1 Stunde (Gemüse) bis 1 ½ Stunden (Fleisch) zugedeckt leise köcheln lassen. Zum Schluss offen bei großer Hitze ca. 10 Minuten unter ständigem Rühren etwas eindicken lassen.

3. Pasta kochen

Penne in einem Topf in reichlich kochendem Salzwasser al dente (bissfest) kochen. Abseihen. Etwas Pastawasser zurückbehalten.

4. Finalisieren & servieren

Pasta in einem Topf mit dem zurückbehaltenen Wasser und etwas Salz und Pfeffer mischen. Pasta mit Sauce, Parmesan und ein paar Tropfen Olivenöl servieren.

WICHTIG Durch das Faschieren bekommt Fleisch eine große Oberfläche und ist deshalb sehr leicht verderblich. Es sollte immer frisch verarbeitet werden. »Kaufen und kochen« lautet also die Devise. Für ein gutes Sugo sollte beim Faschierten auch immer Schweinefleisch dabei sein. Es hat einen höheren Fettgehalt und gibt viel Geschmack!

RIP Wenn von der Sauce etwas übrig bleibt, könnt ihr sie für Lasagne (S. 60) oder für ein Sandwich verwenden. Oder ihr friert sie in kleinen Portionen in Gefrierbeuteln ein. Sie hält sich bis zu 2 Monate. Gemüsesugo besser nicht einfrieren, es wird matschig, besonders wenn Zucchini dabei waren.

Variante

Spaghetti Cacio e Pepe

VOR DEM START

Rezept durchlesen, alle benötigten Küchenutensilien zurechtlegen. Zutaten wiegen oder abmessen und bereitstellen.

Zutaten
Für 4 Personen

1 EL Pfefferkörner
100 ml Nudelwasser
100 g Pecorino

Außerdem
360–400 g Spaghetti
Salz
80–100 g Parmesan
oder Pecorino
Olivenöl zum Beträufeln

1. Vorbereiten
Pfefferkörner im Mörser grob mörsern (oder unter Frischhaltefolie mit einem Topf zerdrücken). Käse reiben.

2. Sauce machen
Pfeffer in einer Pfanne ohne Öl ein paar Minuten anrösten.

3. Pasta kochen
Spaghetti in einem Topf in reichlich gesalzenem Wasser al dente (bissfest) kochen. Ca. 200–300 ml Nudelwasser aufheben. Nudeln abseihen.

4. Finalisieren & servieren
Pfanne mit dem Pfeffer zurück auf den Herd stellen und nahezu das ganze zurück-behaltene Nudelwasser dazugießen. Pasta zusammen mit dem Käse in die Pfanne geben. Gut durchrühren, bis der Käse geschmolzen ist. Eventuell noch etwas Nudelwasser nach-gießen, sodass eine sämige Sauce entsteht. Sofort (also noch ganz heiß) mit ein paar Tropfen Olivenöl und zusätzlichem Käse servieren.

Variante

Spaghetti Carbonara

VOR DEM START
Rezept durchlesen, alle benötigten Küchenutensilien zurechtlegen. Zutaten wiegen oder abmessen und bereitstellen.

Zutaten
Für 4 Personen

120–200 g Speck
(30–50 g pro Person)
4 Eier
100 g Parmesan
Pfeffer

Außerdem
360–400 g Spaghetti
Salz
80–100 g Parmesan
Olivenöl zum Beträufeln

1. Vorbereiten
Speck fein würfeln. Eier trennen.* Eigelb in einer Schüssel verquirlen. Parmesan reiben.

* Das Trennen von Eiern geht am besten mit den Händen: Dafür zwei Schüsseln bereitstellen. (Es ist wichtig, dass die Eiweiß-Schüssel fettfrei ist und sich beim Trennen kein Eigelb reinschummelt.) Ei vorsichtig am Schüsselrand aufschlagen, bis die Schale einen Knacks bekommt. Über der Eiweiß-Schüssel öffnen, Eiweiß und Eigelb in eine Hand gleiten lassen, dabei rinnt das Eiweiß durch die Finger in die Schüssel. Eigelb in die andere Schüssel geben.

2. Sauce machen
Speck in einer Pfanne bei mittlerer Hitze knusprig anbraten. Von der Hitze nehmen. Die Sauce wird erst fertiggestellt, wenn die Pasta gekocht ist.

3. Pasta kochen
Spaghetti in einem Topf in reichlich gesalzenem Wasser al dente (bissfest) kochen. Abseihen. Etwas Nudelwasser zurückbehalten.

4. Finalisieren & servieren
Speck nochmals erwärmen. Pasta untermischen, von der Hitze nehmen. Eigelb und etwas Nudelwasser untermischen, bis eine sämig Sauce entsteht. Sofort (also noch ganz heiß) mit ein paar Tropfen Olivenöl und Parmesan servieren.

RIP Aus übriggebliebenem Eiweiß lässt sich Baiser machen. Dazu auf 100 g Eiweiß 240 g Zucker verwenden. Eiweiß im Mixer aufschlagen und den Zucker in 3 Durchgängen einrühren. Dann kleine Häufchen auf ein mit Backpapier belegtes Blech löffeln und bei 100 °C im Ofen ca. 1 Stunde eher trocknen als backen. Daraus lassen sich tolle Desserts machen oder ihr könnt die Baisers einfach so knabbern. Oder aus dem Eiweiß einfach eine Eierspeise machen – hat weniger Kalorien.

Lauwarme Sommernudeln

VOR DEM START

Rezept durchlesen, alle benötigten Küchenutensilien zurechtlegen. Zutaten wiegen oder abmessen und bereitstellen.

Zutaten

Für 4–6 Personen

500 g frische, reife Tomaten
1–2 Knoblauchzehen
1–2 Kugeln Mozzarella
100 ml gutes Olivenöl
1 TL Chiliflocken
Salz & Pfeffer

Außerdem

360–400 g Spaghettini (Nr. 3)
frisches Basilikum (optional)

1. Vorbereiten

Tomaten in kleine Würfel schneiden. Saft auffangen. Knoblauch schälen, halbieren, zuerst in Scheiben, dann in kleine Würfel schneiden. Mozzarella zerzupfen oder würfeln.

2. Sauce machen

Olivenöl mit Chili, Salz und Pfeffer in einer Schüssel mischen. Mit einer Gabel cremig aufschlagen. Tomaten, Knoblauch und Mozzarella untermischen.

3. Pasta kochen

Spaghettini in einem Topf in reichlich kochendem Salzwasser al dente (bissfest) kochen. Abseihen.

4. Finalisieren & servieren

Spaghettini in einer Schüssel mit der Sauce gut mischen. Basilikumblättchen zerzupfen und darüberstreuen. Noch lauwarm servieren.

Der gute alte Nudelsalat

Zutaten
Für 4 Personen

100–150 g Cherrytomaten
3–4 Frühlingszwiebeln
1 Kugel Mozzarella
300 g Mais (1 Dose)
2–3 Eier
1–2 Knackwürste

Marinade (= Sauce)
125 ml Olivenöl
30 ml Apfelessig
1 EL Ahornsirup
1–2 TL Senf
1–2 TL Mayonnaise
Salz & Pfeffer
½ TL gemahlener Anis
(optional)
1 kleiner Bund
frisches Basilikum (optional)

Außerdem
200 g Farfalle

1. Vorbereiten
Tomaten vierteln. Wurzeln der Frühlingszwiebeln abschneiden. Äußerste Schicht entfernen oder waschen. Weiße und hellgrüne Teile in Scheiben schneiden. Mozzarella zerzupfen oder würfeln. Mais in einem Sieb abtropfen lassen. Eier hart kochen (ca. 8–10 Minuten), kalt abschrecken, schälen und würfeln. Knackwurst schälen, halbieren und in Scheiben schneiden. Basilikum abzupfen und fein schneiden.

2. Sauce machen
Alle Zutaten für die Marinade in ein Marmeladeglas füllen, verschließen und zu einer sämigen Marinade schütteln.

3. Pasta kochen
Farfalle in einem Topf in reichlich kochendem Salzwasser al dente (bissfest) kochen. Abseihen.

4. Finalisieren & servieren
Nudeln und alle anderen Zutaten in einer Schüssel mit der nochmals durchgeschüttelten Marinade gut vermischen. Sofort servieren.

WICHTIG Bei Nudel- und Kartoffelsalat ist das Allerwichtigste, ausreichend Marinade zu machen. Sonst wird das eine fade Angelegenheit. Die Marinade hält sich im Glas 1–2 Tage, daher könnt ihr ruhig gleich mehr davon machen, ca. die doppelte Menge. Die kommt schon weg! Eventuell muss die Säure mit etwas Essig nachjustiert werden. Säure verflüchtigt sich gerne.

Mit Mut voran!

Der Unterschied zwischen gut und genial liegt beim Kochen oft im Prisen-Bereich. Gewürze können ein Gericht grundlegend verändern und gerade deswegen gilt: keine Angst vor dem eigenen Weg. Die Würzangaben in unseren Rezepte sind Guidelines. Wie viel ihr wirklich salzt, ob ihr gerne mit Chili für Schärfe, mit Zitrone und Kräutern für einen Frische-Kick sorgt oder ob ihr es wagt, Zimt in eine Fleischsauce oder Vanille zum Gemüse zu geben, das hängt von euch ab. Von eurer Fantasie, eurem Geschmack und nicht zuletzt von eurem Mut.

Wenn etwas noch nicht so schmeckt, wie ihr euch das wünscht, dann gibt es ein paar einfache Wege zum Ziel: Mehr Salz – fast alle Leute salzen zu wenig. Ein bisschen Zucker – er verbindet alle Geschmäcker miteinander. Etwas Schärfe – 1 Prise Chili, ein paar Umdrehungen mit der Pfeffermühle. Säure fehlt – ein paar Tropfen Zitronensaft oder Essig wecken manch müdes Gericht auf. Ein paar frische Kräuter zum Schluss können auch Wunder wirken.

Wenn ihr unsicher seid, dann geht ein guter Nummer-sicher-Trick so: Zweigt ein bisschen was ab von dem Gericht, das ihr abschmecken wollt. Probiert aus, was euch an Würzideen in den Sinn kommt, und kostet. Sollte es gut schmecken, dann würzt auch den großen Topf entsprechend, wenn nicht, dann probiert einfach was anderes aus. Würzen heißt immer auch kosten, und das mehrfach und abwechselnd. So lange, bis es passt!

Eine andere Möglichkeit ist kosten und riechen. Etwas von dem Gericht, das ihr würzen wollt, kosten und gleichzeitig an dem Gewürz, das ihr dazugeben wollt, riechen. Nase und Gaumen setzen beide Eindrücke so zusammen, wie es dann schmecken wird. Also traut euch ruhig: Es wird schmecken!

Übrigens: Wenn ich in diesem Buch von 1 Prise spreche, dann ist jene Menge gemeint, die zwischen alle fünf Finger passt.

Lasagne & Co

DIE GRUNDIDEE

Verschiedene vorgegarte oder rohe Zutaten werden mit verbindender Fugenmasse (etwa Béchamel oder Ei-Sauerrahm-Mischung) vermischt und im Ofen cremig-knusprig gebacken.

DAS VERHÄLTNIS

Hauptzutat : Fugenmasse | ca. 2 : 1 bis 1 : 1 (wenn Eier im Spiel sind)

Grund rezept

Lasagne

> **VOR DEM START**
*Rezept durchlesen, alle benötigten
Küchenutensilien zurechtlegen.
Zutaten wiegen oder abmessen
und bereitstellen.*

Zutaten
Für ca. 6 Personen

ca. 600 g Sugo (= Sauce)
nach Wahl (S. 46)
400 g Lasagneblätter
50 g Parmesan
40 g Butter in kleinen Stücken
plus etwas für die Form

Fugenmasse (Béchamel)
50 g Butter
30 g Mehl (glatt)
500 ml Milch
Salz, Pfeffer
& geriebene Muskatnuss

Außerdem
etwas Parmesan
etwas Olivenöl

1. Vorbereiten & vorheizen

Lasagneblätter müssen in der Regel
nicht vorgekocht werden. Falls doch,
dann laut Packungsanleitung kochen.
Backofen auf 200 °C Ober-/Unterhitze
vorheizen. Parmesan reiben.

2. Sauce machen

Sugo erwärmen und bereitstellen.
(Wer die Sauce jetzt erst zubereitet,
heizt den Ofen später vor.)

5. Backen

Im Ofen auf mittlerer Schiene ca.
35 Minuten backen, bis die Oberfläche
schön gebräunt ist und es herrlich
duftet.

6. Finalisieren & servieren

Mit frisch geriebenem Parmesan
bestreut und ein paar Tropfen Olivenöl
beträufelt in der Form oder auf Tellern
servieren.

SHORT CUT Wem die Béchamelsauce zu aufwendig ist, der nimmt stattdessen 1–2 Kugeln Mozzarella, schneidet sie in dünne Scheiben und schichtet sie mit den anderen Zutaten. Das schmeckt auch sehr gut.

3. Fugenmasse machen

Butter bei mittlerer Hitze in einem Topf zerlassen. Topf vom Herd nehmen und das Mehl mit dem Schneebesen einrühren, sodass eine glatte Paste entsteht. Milch nach und nach unter ständigem Rühren dazugießen, damit keine Klümpchen entstehen. Zurück auf den Herd stellen und unter Rühren zum Kochen bringen. Bei geschlossenem Deckel ca. 15–20 Minuten sanft köcheln, bis die Béchamel schön dickflüssig ist. Dabei öfter umrühren. Mit Salz, Pfeffer und Muskatnuss kräftig würzen.

4. Zusammensetzen

Eine Auflaufform (ca. 20 x 30 cm) gut buttern. Den Boden mit Lasagneblättern belegen. Sugo nach Wahl darauf verteilen, Béchamel darüber verstreichen. Mit Parmesan bestreuen. So fortfahren, bis alle Zutaten aufgebraucht sind. Mit einer Schicht Béchamel abschließen. Restlichen Parmesan über die Lasagne streuen und ein paar Butterstückchen darauflegen.

Schinken oder Gemüsefleckerl

VOR DEM START

Rezept durchlesen, alle benötigten Küchenutensilien zurechtlegen. Zutaten wiegen oder abmessen und bereitstellen.

Zutaten
Für 4–6 Personen

250 g Schinken
oder
1 Zwiebel
400 g Gemüse
(etwa Zucchini, Paprika
& Champignons)
2 Knoblauchzehen
400 g Fleckerl
Salz
etwas Olivenöl

Fugenmasse
(Ei-Sauerrahm-Mischung)
6 Eier
500 g Sauerrahm
Salz, Pfeffer
& gemahlene Muskatnuss

Außerdem
80–100 g Parmesan
Butterflöckchen
plus etwas für die Form

1. Vorbereiten & vorheizen
Für die Schinkenversion Schinken würfeln. Für die vegetarische Version Zwiebel* und alle Gemüse schälen/putzen und würfeln. Knoblauch schälen, halbieren, zuerst in Scheiben, dann in kleine Würfel schneiden. Fleckerl in reichlich Salzwasser nicht ganz weich kochen, abseihen und abschrecken. Parmesan reiben. Backofen auf 180 °C Ober-/Unterhitze vorheizen.

* Enden der Zwiebel abschneiden und die äußeren Hautschichten abziehen. Zwiebel halbieren. Auf die Schnittseite legen und quer in dünne Scheiben schneiden, dabei nicht ganz durchschneiden. Dann im 90 °-Winkel zur ersten Schnittrichtung wieder in Scheiben schneiden, so entstehen Würfel. Je feiner die Scheiben, desto feiner die Würfel.

2. Sauce machen
Entfällt für die Schinken-Version.
Für die vegetarische Version (ist nicht wirklich eine Sauce, muss aber trotzdem jetzt gemacht werden) Olivenöl in einer Pfanne erwärmen, Zwiebel und Knoblauch darin ca. 2 Minuten anbraten. Gemüsewürfel dazugeben, mit Salz und Pfeffer kräftig würzen. Unter Rühren in ca. 4–5 Minuten bissfest braten.

3. Fugenmasse machen
Eier mit Sauerrahm verrühren. Mit Salz, Pfeffer und Muskatnuss kräftig würzen.

4. Zusammensetzen
Eine Auflaufform (ca. 20 x 30 cm) gut buttern. Fugenmasse gemeinsam mit Schinken bzw. gebratenem Gemüse und Fleckerln gut durchmischen. Nochmals abschmecken. Die Masse in die Form füllen. Mit Parmesan und Butterflöckchen toppen.

5. Backen
Im Ofen auf mittlerer Schiene ca. 45 Minuten backen, bis die Oberfläche knusprig und gut gebräunt ist und es herrlich duftet.

6. Finalisieren & servieren
In der Form oder auf Tellern servieren. Dazu passt Gurken- oder Tomatensalat (S. 157).

Kartoffelauflauf mit Lachs

VOR DEM START

Rezept durchlesen, alle benötigten Küchenutensilien zurechtlegen. Zutaten wiegen oder abmessen und bereitstellen.

Zutaten
Für 4–6 Personen

500 g Kartoffeln (festkochend)
300 g Lachs im Ganzen

Fugenmasse (Béchamel & Ei-Sauerrahm-Mischung)

50 g Butter
plus etwas für die Form
300 g Lauch
30 g Mehl (glatt)
500 ml Milch
Salz, Pfeffer & gemahlene Muskatnuss
je ¼ TL Chili- & Zimtpulver
3 Eier
250 g Sauerrahm

Außerdem
80–100 g Parmesan
Butterflöckchen

1. Vorbereiten & vorheizen
Kartoffeln in einem Topf mit kaltem Wasser zustellen und in ca. 15–20 Minuten nicht ganz weich kochen. Sie sollten sich mit einer Gabel anstechen lassen, ohne zu zerbrechen. Abseihen und abschrecken. Schälen und in Scheiben schneiden. Vom Lauch die Wurzeln abschneiden. Weißen Teil in Scheibchen schneiden, im Sieb waschen, bis alle Erde entfernt ist, und abtropfen lassen. Parmesan reiben. Backofen auf 180 °C Ober-/Unterhitze vorheizen.

2. Fugenmasse machen
Butter bei mittlerer Hitze in einem Topf zerlassen. Lauch darin anbraten. Mehl einrühren und weiterbraten, bis es nussig duftet. Milch nach und nach unter ständigem Rühren mit dem Schneebesen dazugießen, damit keine Klümpchen entstehen und unter Rühren zum Kochen bringen. Mit Salz, Pfeffer und Muskatnuss sowie Chilipulver und Zimt kräftig würzen. Bei geschlossenem Deckel ca. 15–20 Minuten sanft köcheln, bis die Béchamel schön dickflüssig ist. Eier mit Sauerrahm verrühren, mit Salz und Pfeffer würzen.

3. Sauce machen
Entfällt, weil bereits in der Fugenmasse enthalten.

4. Zusammensetzen
Eine Auflaufform (ca. 20 x 30 cm) gut buttern. Kartoffelscheiben dachziegelartig einschichten, die Lauch-Fugenmasse darauf verteilen. Lachsstücke darauflegen. Mit Salz und Pfeffer würzen. Ei-Sauerrahm-Mischung darüberlöffeln. Mit Parmesan und Butterflöckchen toppen.

5. Backen
Im Ofen auf mittlerer Schiene ca. 45 Minuten backen, bis die Oberfläche knusprig und gut gebräunt ist und es herrlich duftet.

6. Finalisieren & servieren
In der Form oder auf Tellern servieren. Dazu passt grüner Salat (S. 157).

Variante

Melanzani-Zucchini-Lasagne

VOR DEM START

Rezept durchlesen, alle benötigten Küchenutensilien zurechtlegen. Zutaten wiegen oder abmessen und bereitstellen.

Zutaten
Für 6–8 Personen

je 2 Zucchini und Melanzani
(insg. ca. 750–800 g)
ca. 6 EL Olivenöl
Salz

Fugenmasse
300 g Ricotta
Salz & Pfeffer
120 g Tomatenmark

Außerdem
80 g Pinienkerne
½ Bund frisches Basilikum
Olivenöl zum Beträufeln
125 g Parmesan
Butterflöckchen zum Belegen
plus etwas für die Form

1. Vorbereiten & vorheizen
Zucchini und Melanzani mit einem scharfen Messer in möglichst dünne Scheiben schneiden. Getrennt auf je einen Teller schichten. Jede Schicht mit 1–2 Prisen Salz bestreuen. (Zur Erinnerung: 1 Prise ist in diesem Buch, was zwischen alle 5 Finger passt.) Etwa 1 Stunde ziehen lassen.* Pinienkerne hacken. Parmesan reiben. Backofen auf 180 °C Ober-/Unterhitze vorheizen.

* Das macht man, um dem Gemüse Bitterstoffe zu entziehen und es knackig zu halten.

2. Sauce machen
Zucchini und Melanzani (werden nicht wirklich zu Sauce gekocht, müssen aber trotzdem jetzt gemacht werden) trocken tupfen. In einer Pfanne Olivenöl kräftig erwärmen und das Gemüse darin getrennt und portionsweise beidseitig anbraten.

3. Fugenmasse machen
Ricotta in einer Schüssel glatt rühren. Mit Salz und Pfeffer würzen. Tomatenmark ebenfalls glatt rühren.

4. Zusammensetzen
Ein Backblech mit Backpapier belegen oder eine Auflaufform (20 x 30 cm) buttern. Als erste Schicht ¼ der Melanzani und Zucchini bunt durchgemischt auflegen. Mit ¼ des Tomatenmarks bestreichen. ¼ der Pinienkerne und ¼ des Ricottas darauf verteilen. Mit einigen Basilikumblättern belegen. Mit Olivenöl beträufeln. Diesen Vorgang dreimal (oder bis alles weg ist) wiederholen. Am Ende mit Basilikumblättern und Parmesan bestreuen und mit Butterflöckchen belegen.

5. Backen
Im Ofen auf mittlerer Schiene ca. 40 Minuten backen, bis die Oberfläche goldbraun und knusprig ist und es herrlich duftet.

6. Finalisieren & servieren
Mit etwas Olivenöl beträufelt in der Form oder auf Tellern servieren.

Variante

Brotauflauf mit Speck & Tomaten

Zutaten
Für 4–6 Personen

300 g altbackenes Brot
1 Zwiebel
3–4 große Tomaten
200 g Speck
(Vegetarier lassen
ihn einfach weg)
½ Bund Basilikum

Fugenmasse
(Ei-Sauerrahm-Mischung)
4 Eier
100 g Ziegenschnittkäse
500 g Sauerrahm
Salz, Pfeffer & Chilipulver

Außerdem
Butterflöckchen zum Belegen
plus etwas für die Form
100 g Parmesan

1. Vorbereiten & vorheizen
Brot in dünne Scheiben schneiden. Zwiebel schälen. Zwiebel und Tomaten mit dem Gemüsehobel in ganz dünne Scheiben hobeln.* Speck in Würfel schneiden. Ziegenkäse und Parmesan reiben. Backofen auf 180 °C Ober-/Unterhitze vorheizen.

* Das geht am besten und ganz ohne Tränen mit einem wirklich guten Marken-Gemüsehobel – die sind ein bisschen teurer, funktionieren aber toll und bleiben sehr lange sehr scharf.

2. Sauce machen
Entfällt.

3. Fugenmasse machen
Eier mit Ziegenkäse und Sauerrahm in einer Schüssel verquirlen. Mit Salz, Pfeffer und Chili kräftig abschmecken.

4. Zusammensetzen
Eine Auflaufform (20 x 30 cm) gut buttern. Eine Schicht Brot einlegen. Darauf Tomaten und Zwiebel legen. Speck darüberstreuen. Mit einem Teil der Fugenmasse bedecken. Eine weitere Schicht Brot etc. auflegen. Mit Fugenmasse bedecken. So weiter vorgehen, bis alle Zutaten aufbraucht sind. Mit einer Schicht Fugenmasse abschließen. Parmesan darüberstreuen. Mit Butterflöckchen toppen.

5. Backen
Im Ofen auf mittlerer Schiene ca. 30 Minuten backen, bis die Oberfläche knusprig und gut gebräunt ist und es herrlich duftet.

6. Finalisieren & servieren
In der Form oder auf Tellern servieren. Dazu passt grüner Salat oder Gurkensalat (S.157).

Mac and Cheese

Zutaten
Für 4 Personen

1 große Zwiebel
2 EL Olivenöl
500 g Makkaroni
Salz

Fugenmasse (Béchamel)
50 g Butter
plus etwas für die Form
30 g Mehl (glatt)
500 ml Milch
Salz, Pfeffer
& gemahlene Muskatnuss

Käsesauce
200 g Cheddar
100 g Emmentaler
(oder mehr Cheddar)
200 g Mozzarella
Pfeffer
2 TL scharfer Senf

Außerdem
etwas frische Kräuter
(etwa Petersilie, Basilikum, Estragon oder Schnittlauch)

1. Vorbereiten & vorheizen

Zwiebel schälen, halbieren und in Ringe schneiden. In einer Pfanne mit Olivenöl bei sehr kleiner Hitze unter gelegentlichem Rühren dunkelbraun und knusprig braten.* Makkaroni in reichlich Salzwasser nicht ganz weich kochen, abseihen und abschrecken. Backofen auf 180 °C Ober-/Unterhitze vorheizen.

* Je mehr Zeit ihr den Zwiebeln beim Braten bei ganz kleiner Hitze gebt, desto intensiver wird ihr Geschmack. Der Aufwand lohnt sich wirklich. Zwiebeln werden in der Regel immer zu kurz gebraten.

2. Sauce & Fugenmasse machen (Teil 1)

Butter bei mittlerer Hitze in einem Topf zerlassen. Topf vom Herd nehmen und das Mehl mit dem Schneebesen einrühren, sodass eine glatte Paste entsteht. Milch nach und nach unter ständigem Rühren dazugießen, damit keine Klümpchen entstehen. Zurück auf den Herd stellen und unter Rühren zum Kochen bringen. Bei geschlossenem Deckel ca. 15–20 Minuten sanft köcheln, bis die Béchamel schön dickflüssig ist. Dabei öfter umrühren. Mit Salz, Pfeffer und Muskatnuss kräftig würzen.

3. Sauce & Fugenmasse machen (Teil 2)

Cheddar und Emmentaler reiben, Mozzarella zerzupfen. Käse miteinander mischen. 1/3 der Mischung zum Bestreuen zurückbehalten. Restlichen Käse bei nicht allzu großer Hitze nach und nach mit einem Schneebesen in die Béchamel einrühren, sodass er nicht klumpt, sondern schön gleichmäßig schmilzt. Falls die Sauce zu dick ist, einfach noch etwas Milch dazugeben. Mit Pfeffer und Senf würzen.

4. Zusammensetzen

Eine Auflaufform (ca. 20 x 30 cm) gut buttern. Nudeln und Käsemasse einfüllen und final abschmecken. Mit dem restlichen Käse bestreuen.

5. Backen

Im Ofen auf mittlerer Schiene ca. 15–20 Minuten backen, bis die Oberfläche schön gebräunt ist und es herrlich duftet. Eventuell für die letzten 5 Minuten den Grill dazuschalten.

6. Finalisieren & servieren

In der Form oder auf Tellern mit den knusprigen Zwiebeln bestreut servieren.

Vom Blech weg

DIE GRUNDIDEE

Die Zutaten werden mit Öl und Gewürzen aromatisiert, auf einem Blech verteilt und im Ofen gebraten.

DAS VERHÄLTNIS

Bratgut : Flüssigkeit | 2 : 1

Grund rezept

Buntes Ofengemüse

> **VOR DEM START**

Rezept durchlesen, alle benötigten Küchenutensilien zurechtlegen. Zutaten wiegen oder abmessen und bereitstellen.

Zutaten
Für 3 Personen

1,5 kg festes Gemüse
(Süßkartoffeln, Karfiol,
Karotten, Kohlrabi, Fenchel;
ca. 500 g pro Person)

3–4 Knoblauchzehen

2–3 Zwiebeln

1–2 Handvoll Cherrytomaten
(oder 2 große Tomaten
in Stücken)

3–5 EL Olivenöl

Salz & Pfeffer

je 2–3 Zweige frischer
Thymian & Rosmarin (oder
je 1 EL getrocknete Kräuter)

750 ml Wasser
& Weißwein, gemischt
(oder fertige Gemüsesuppe
oder ein Gemisch aus allem)

1. Vorbereiten & vorheizen

Backofen auf 180 °C Ober-/Unterhitze vorheizen. Festes Gemüse putzen oder schälen und in mundgerechte Stücke schneiden. (Dabei hartes Gemüse eher kleiner und weicheres eher größer schneiden, damit alles gleichzeitig gar wird.) Knoblauch in der Schale mit einem Messer oder dem Handrücken andrücken, bis er leicht aufbricht. Zwiebeln schälen und achteln. Tomaten ganz lassen. Olivenöl mit Salz, Pfeffer und den Kräutern in einer großen Schüssel mischen. Alle Gemüse, Zwiebeln und Knoblauch darin wenden.

2. Im Ofen braten

Alles auf ein bzw. mehrere Backbleche verteilen. Mit ⅔ der Flüssigkeit übergießen. Auf mittlerer Schiene ca. 1 Stunde braten, bis es herrlich duftet und das Gemüse durch ist. Währenddessen ein- bis zweimal etwas Flüssigkeit angießen* und das Gemüse auch mal umdrehen.

* Angießen meint, dass man die Flüssigkeit nicht über das Bratgut, sondern unten auf den Boden des Blechs gießt, damit das Gemüse schön knusprig bleibt.

WICHTIG Nur so viel auf ein Blech legen, dass die Zutaten nicht übereinanderliegen. Sonst lieber zwei Bleche benutzen und während der Garzeit öfter die Einschub-leisten wechseln, damit jedes Blech mal oben bzw. unten war.

3. Beilagen machen

Dazu passen knuspriges Weißbrot und ein Kräuter-Dip (S. 159).

4. Finalisieren & servieren

Am Ende der Garzeit aus dem Ofen nehmen. Gemüse in eine große Schüssel geben. Knoblauchzehen in der Bratflüssigkeit zerdrücken, Schalen entfernen. Gemüse mit der Bratflüssigkeit übergießen und servieren.

Variante

Hühnerkeulen

VOR DEM START

Rezept durchlesen, alle benötigten Küchenutensilien zurechtlegen. Zutaten wiegen oder abmessen und bereitstellen.

Zutaten
Für 3 Personen

6 Hühnerunterkeulen
(ca. 600–700 g)

3–4 Knoblauchzehen

1–2 Zwiebeln

1 Bio-Zitrone

3 EL Olivenöl

Salz & Pfeffer

je 2–3 Zweige frischer
Thymian & Rosmarin
(oder je 1 EL getrocknete
Kräuter)

300 ml Wasser
& Weißwein, gemischt
(oder fertige Gemüsesuppe
oder ein Gemisch aus allem)

1. Vorbereiten & vorheizen

Backofen auf 180 °C Ober-/Unterhitze vorheizen. Hühnerkeulen waschen und mit Küchenrolle trocken tupfen. Knoblauch in der Schale mit einem Messer oder dem Handrücken andrücken, bis er leicht aufbricht. Zwiebeln schälen und achteln. Zitrone in Scheiben schneiden. Olivenöl mit Salz, Pfeffer, Gewürzen, Zitrone, Knoblauch, Zwiebeln und Kräuterzweigen in einer Schüssel mischen. Hühnerkeulen darin wenden und die Mischung gut einmassieren.

2. Im Ofen braten

Alles auf einem Backblech verteilen. Mit ⅔ der Flüssigkeit übergießen. Auf mittlerer Schiene 1 bis max. 2 Stunden braten, bis es herrlich duftet und die Hühnerkeulen knusprig aussehen. Während des Bratens ein- bis zweimal die restliche Flüssigkeit angießen* und die Keulen auch mal umdrehen. Für die letzten 15 Minuten den Grill dazuschalten, damit die Hühnerkeulen schön bräunen.

* Angießen meint, dass man die Flüssigkeit nicht über das Bratgut, sondern unten auf den Boden des Blechs gießt, damit die Hühnerteile schön knusprig bleiben.

3. Beilagen machen

Dazu passt knuspriges Weißbrot, Reis (S. 161) oder Tomatensalat (S. 157).

4. Finalisieren & servieren

Am Ende der Garzeit aus dem Ofen nehmen. Hühnerkeulen samt Zitronen und Zwiebeln in eine große Schüssel oder auf eine Tasse geben. Knoblauchzehen in der Bratflüssigkeit zerdrücken, Schalen entfernen. Hühnerkeulen mit der Bratflüssigkeit übergießen und servieren.

WICHTIG Hühnerkeulen sind durch, wenn ihr mit einer Gabel oder einem Spieß in die dickste Stelle stecht und der Saft, der austritt, glasklar und nicht mehr blutig ist. Hühnerfleisch sollte immer durchgebraten werden, also im Zweifelsfall lieber ein paar Minuten zu lang im Ofen lassen.

Variante

Kartoffeln mit Bratwurst

Zutaten

Für 3 Personen

1,5 kg Kartoffeln
(festkochend, 300–500 g
pro Person)

3–4 Knoblauchzehen

1–2 Zwiebeln

1–2 Handvoll Cherrytomaten
(oder 2 große Tomaten
in Stücken)

3–5 EL Olivenöl

Salz & Pfeffer

je 2–3 Zweige frischer
Thymian & Rosmarin
(oder je 1 EL getrocknete
Kräuter)

750 ml Wasser
& Weißwein, gemischt
(oder fertige Gemüsesuppe
oder ein Gemisch aus allem)

Außerdem

1 Paar Bratwürstel pro Person

1. Vorbereiten & vorheizen

Backofen auf 180 °C Ober-/Unterhitze vorheizen. Kartoffeln schälen und in mundgerechte Stücke schneiden. Knoblauch in der Schale mit einem Messer oder dem Handrücken andrücken, bis er leicht aufbricht. Zwiebeln schälen und achteln. Tomaten ganz lassen. Olivenöl mit Salz, Pfeffer, Kräutern, Tomaten, Knoblauch und Zwiebeln in einer Schüssel mischen. Kartoffeln darin wenden.

2. Im Ofen braten

Kartoffeln auf ein bzw. mehrere Backbleche verteilen. Mit ⅔ der Flüssigkeit übergießen. Auf mittlerer Schiene ca. 45 Minuten braten, bis die Kartoffeln fast weich sind. Während des Bratens ein- bis zweimal etwas Flüssigkeit angießen* und die Kartoffeln auch mal umdrehen. Bratwürste in Stücke schneiden und in einer Pfanne anbraten. 10–15 Minuten vor Ende der Garzeit die Wurststücke unter die Kartoffeln mischen. Braten, bis es herrlich duftet und die Kartoffeln ganz durch sind.

* Angießen meint, dass man die Flüssigkeit nicht über das Bratgut, sondern unten auf den Boden des Blechs gießt, damit die Kartoffeln schön knusprig bleiben.

3. Beilagen machen

Dazu passt ein Spicy Dip (S. 167).

4. Finalisieren & servieren

Am Ende der Garzeit aus dem Ofen nehmen. Kartoffeln und Bratwürste in eine große Schüssel geben. Knoblauchzehen in der Bratflüssigkeit zerdrücken, Schalen entfernen. Kartoffeln und Bratwürste mit der Bratflüssigkeit übergießen und servieren.

Auf Sicht braten

Die tollen Röstaromen, die sich durchs Braten im Ofen entwickeln, gehören zum Schönsten, was es gibt. Außerdem haben Ofengerichte eine weitere sehr sympathische Eigenschaft: Sie braten sich quasi von selbst. Rein in den Ofen, inzwischen was anderes machen und dann später wieder raus aus dem Ofen. Fertig!

Bei 180 °C Ober-/Unterhitze könnt ihr Fleisch, Fisch, Geflügel, Gemüse und vieles andere guten Gewissens braten. Das heißt: Laut Rezept vorbereiten, in den vorgeheizten Ofen schieben und dann auf Sicht braten. Das Gericht ist fertig, wenn es beim Kontrollblick in den Ofen gut aussieht, also hübsch gebräunt und knusprig ist, und gut duftet (was man natürlich nicht sieht). Das gilt grundsätzlich für alle Ofengerichte!

Mit der Grillfunktion könnt ihr Ofengerichten den allerletzten knusprigen Kick verleihen. Die solltet ihr wirklich NUR unter ständiger Aufsicht verwenden, denn unter dem Grill geht alles rasant schnell. Und wer will schon verbranntes Essen?

Pizza & Co

DIE GRUNDIDEE

Ein dicker oder dünner Hefeteig-Fladen wird mit verschiedenen Zutaten belegt und im Ofen knusprig gebacken.

DAS VERHÄLTNIS

Teig : Belag | je nach Vorliebe

Pizza Margherita

Zutaten
Für 2–3 Pizzen

Teig
7 g Trockenhefe (1 Pkg.)
1 TL Zucker (oder Honig)
300 ml lauwarmes Wasser
500 g Pizzamehl
(oder glattes Mehl)
plus etwas für die Arbeitsfläche
1 TL Salz
1 EL Olivenöl

Belag
1 Knoblauchzehe
400 g geschälte Tomaten
(1 Dose, gute Qualität)
Salz & Pfeffer
Olivenöl
2 Handvoll Pizzakäse
(oder Mozzarella)
1 TL getrockneter Oregano

1. Vorbereiten

Trockenhefe und Zucker (oder Honig)
in lauwarmem Wasser auflösen und
ca. 10 Minuten stehen lassen, bis die
Flüssigkeit Bläschen bildet.

2. Teig machen & gehen lassen

Mehl und Salz in eine Schüssel sieben. In die Mitte eine Mulde machen.
Hefe-Mischung und Olivenöl hineingießen. Unter Rühren vermischen.
Mit den Händen auf einer bemehlten
Fläche 5–10 Minuten kneten, bis ein
seidig weicher Teig entsteht.* Bei
Bedarf noch Wasser oder Mehl in sehr
kleinen Portionen dazugeben. (Beim
Kneten nicht schummeln – je besser
der Teig geknetet wird, desto besser
schmeckt er auch.) Eine Schüssel
leicht einölen und den Teig hineinlegen. An einem warmen Ort zugedeckt
ca. 1–2 Stunden gehen lassen, bis sich
sein Volumen verdoppelt hat.

4. Teig formen

Teigkugeln 15–20 Minuten vor dem
Backen auf einer gut bemehlten
Arbeitsfläche mit den Händen zu
runden, dünnen Fladen formen.
Dabei ziehen, drücken und drehen.
Der Rand darf ruhig etwas dicker sein.

5. Belegen

Fladen auf Backpapier ziehen.
Mit Olivenöl bestreichen. Tomatensauce darauf verteilen. Die Ränder frei
lassen. Käse reiben. Auf den Pizzen
verteilen. Mit Oregano bestreuen.

SHORT CUT Wer mag, kann gekauften Pizzateig verwenden. Aber eines sei gleich gesagt: Es ist NICHT dasselbe! Fragt besser bei eurem Lieblings-italiener, ob euch der Chef Pizzateig verkauft. Meiner macht das. Am besten ist, wenn ihr an einem regneri-schen (verkaterten) Sonntag gleich mehr Teig macht und ihn nach Schritt 2 portions-weise einfriert. Bei Pizzalust einfach auftauen und laut Rezept weiterverarbeiten. Das geht einwandfrei.

3. Belag machen & vorheizen

Teig nach dem Ruhen auf einer bemehlten Fläche nochmals kurz durchkneten. Zu 2–3 gleich großen Kugeln formen. Mit einem feuchten Tuch abdecken. An einen warmen Ort nochmals ca. 1–2 Stunden gehen lassen.

* Wer eine Küchenmaschine hat, kann den Teig bei geringer Geschwindigkeit 10 Minuten kneten.

Knoblauch schälen, halbieren, zuerst in Scheiben, dann in kleine Würfel schneiden. Flüssigkeit der Dosen-Tomaten abgießen. Tomaten grob hacken und mit Knoblauch, Salz und Pfeffer kräftig abschmecken. Backofen auf 250 °C Ober-/Unterhitze vorhei-zen. Backbleche mit aufheizen.

6. Backen

Ofentemperatur auf 230 °C verringern. Dicke Küchenhandschuhe anziehen, Bleche herausholen (sehr heiß!). Pizzen mit dem Papier auf die Bleche ziehen. Im Ofen ca. 10–15 Minuten backen, bis die Ränder goldbraun sind, der Käse geschmolzen ist und es herr-lich duftet. Die Bleche sollten in den Einschubhöhen mal getauscht werden.

7. Finalisieren & servieren

Bleche herausholen, Pizzen im Ganzen oder als Slices auf Teller legen, mit etwas Olivenöl beträufeln und servieren.

Variante

Pizza mit viel drauf

VOR DEM START

Rezept durchlesen, alle benötigten Küchenutensilien zurechtlegen. Zutaten wiegen oder abmessen und bereitstellen.

Zutaten
Für 2 Pizzen

Teig
7 g Trockenhefe (1 Pkg.)
300 ml lauwarmes Wasser
1 TL Zucker (oder Honig)
500 g Pizzamehl
(oder glattes Mehl)
plus etwas für die Arbeitsfläche
1 TL Salz
1 EL Olivenöl

Belag
400 g geschälte Tomaten
(1 Dose, gute Qualität)
1 Knoblauchzehe
Salz & Pfeffer
Olivenöl
Schinken (in Streifen)
Champignons (in Scheibchen)
Sardellen und Kapern
oder
eine Mischung aus 4 Käsen
(etwa Parmesan,
Mozzarella, Gorgonzola,
Bergkäse, Provolone)
1 TL getrockneter Oregano

1. Vorbereiten

Trockenhefe und Zucker (oder Honig) in lauwarmem Wasser auflösen und ca. 10 Minuten stehen lassen, bis die Flüssigkeit Bläschen bildet.

2. Teig machen & gehen lassen

Mehl und Salz in eine Schüssel sieben. In die Mitte eine Mulde machen. Hefe-Mischung und Olivenöl hineingießen. Unter Rühren vermischen. Mit den Händen auf einer bemehlten Fläche 5–10 Minuten kneten, bis ein seidig weicher Teig entsteht.* Bei Bedarf noch Wasser oder Mehl in sehr kleinen Portionen dazugeben. (Beim Kneten nicht schummeln – je besser der Teig geknetet wird, desto besser schmeckt er auch.) Eine Schüssel leicht einölen und den Teig hineinlegen. An einem warmen Ort zugedeckt ca. 1–2 Stunden gehen lassen, bis sich sein Volumen verdoppelt hat.

Teig nach dem Ruhen auf einer bemehlten Fläche nochmals kurz durchkneten. Zu 2–3 gleich großen Kugeln formen. Mit einem feuchten Tuch abdecken. An einen warmen Ort nochmals ca. 1–2 Stunden gehen lassen.

* Wer eine Küchenmaschine hat, kann den Teig bei geringer Geschwindigkeit 10 Minuten kneten.

3. Belag machen & vorheizen

Knoblauch schälen, halbieren, zuerst in Scheiben, dann in kleine Würfel schneiden. Flüssigkeit der Dosen-Tomaten abgießen. Tomaten grob hacken und mit Knoblauch, Salz und Pfeffer kräftig abschmecken. Backofen auf 250 °C Ober-/Unterhitze vorheizen. Backbleche mit aufheizen.

Bitte umblättern →

4. Teig formen

Teigkugeln 15–20 Minuten vor dem Backen auf einer gut bemehlten Arbeitsfläche mit den Händen zu runden, dünnen Fladen formen. Dabei ziehen, drücken und drehen. Der Rand darf ruhig etwas dicker sein.

5. Belegen

Fladen auf Backpapier ziehen. Mit Olivenöl bestreichen. Tomatensauce darauf verteilen. Die Ränder frei lassen. Käse reiben und Belag nach Wahl auf den Pizzen verteilen. Mit Oregano bestreuen.

6. Backen

Ofentemperatur auf 230 °C verringern. Dicke Küchenhandschuhe anziehen, Bleche herausholen. (Achtung sehr heiß!) Pizzen mit dem Papier auf die Bleche ziehen. Im Ofen ca. 10–15 Minuten backen, bis die Ränder goldbraun sind, der Käse geschmolzen ist und es herrlich duftet. Die Bleche sollten in den Einschubhöhen mal getauscht werden.

7. Finalisieren & servieren

Bleche herausholen, Pizzen im Ganzen oder als Slices auf Teller legen, mit etwas Olivenöl beträufeln und servieren.

Variante

Flammkuchen mit Zwiebel

Zutaten
Für 4 Personen

Teig
10 g frische Hefe (¼ Würfel)
1 TL Zucker (oder Honig)
175 ml lauwarmes Wasser
300 g Mehl (griffig)
plus etwas für die Arbeitsfläche
1 Prise Salz
2 EL Sonnenblumenöl

Belag
100 g Speck
2 rote Zwiebeln
250–300 g Crème fraîche

1. Vorbereiten
Hefe und Zucker (oder Honig) in lauwarmem Wasser auflösen.

2. Teig machen & gehen lassen
Mehl und Salz in eine Schüssel sieben. In die Mitte eine Mulde machen. Hefe-Mischung und Sonnenblumenöl hineingießen. Unter Rühren vermischen. Mit den Händen auf einer bemehlten Fläche 5–10 Minuten kneten, bis ein seidig weicher Teig entsteht.* Bei Bedarf noch Wasser oder Mehl in sehr kleinen Portionen dazugeben. (Beim Kneten nicht schummeln, je besser der Teig geknetet wird, desto besser schmeckt er auch.) Eine Schüssel leicht einölen und den Teig hineinlegen. An einem warmen Ort zugedeckt ca. 1–2 Stunden gehen lassen, bis er sein Volumen verdoppelt hat.

* Wer eine Küchenmaschine hat, kann den Teig bei geringer Geschwindigkeit 10 Minuten kneten.

3. Belag machen & vorheizen
Speck würfeln. Zwiebel schälen und im Ganzen auf dem Gemüsehobel in dünne Ringe hobeln.** (Achtung auf die Finger!) Oder mit einem Messer halbieren und in Ringe schneiden. Creme fraîche im Becher glatt rühren. Backofen auf 220 °C Ober-/Unterhitze vorheizen.

** Das geht am besten und ganz ohne Tränen mit einem wirklich guten Marken-Gemüsehobel – die sind ein bisschen teurer, funktionieren aber toll und bleiben sehr lange sehr scharf!

4. Teig formen
Teig nach dem Gehen halbieren, beide Hälften nochmals kurz durchkneten und auf einer bemehlten Arbeitsfläche (besser noch direkt auf Backpapier) mit dem Nudelholz oder einer leeren Flasche oval sehr dünn ausrollen. Falls sich der Teig wieder zusammenzieht, mit etwas Frischhaltefolie bedeckt kurz ruhen lassen. Dann weiter ausrollen. Etwa 2–4 Mal wiederholen, bis der Flammkuchenteig so dünn ist, wie gewollt. (Wir wollen ihn sehr dünn!)

Bitte umblättern →

Variante

5. Belegen
Crème fraîche auf den Teigfladen verteilen. Zwiebelscheiben darüberlegen und die Speckwürfel obendrauf geben.

6. Backen
Flammkuchen mit dem Backpapier auf die Bleche ziehen. Im Ofen auf unterster Schiene 12–15 Minuten knusprig goldgelb backen. Falls zwei Flammkuchen gleichzeitig gebacken werden sollen, dann mit 200 °C Umluft arbeiten.

7. Finalisieren & servieren
Flammkuchen herausnehmen. Im Ganzen oder aufgeschnitten servieren.

SHORT CUT Es gibt inzwischen wirklich guten fertigen Flammkuchenteig. Damit geht's bedeutend schneller.

Variante

Flammkuchen mit Birnen

Zutaten
Für 4 Personen

Teig
10 g frische Hefe (¼ Würfel)
175 ml lauwarmes Wasser
1 TL Zucker (oder Honig)
300 g Mehl (griffig)
plus etwas für die Arbeitsfläche
1 Prise Salz
2 EL Sonnenblumenöl

Belag
2 Birnen
250–300 g Crème fraîche
(oder Ziegenfrischkäse)
2–3 EL Honig
einige frische Thymianzweige

* Wer eine Küchenmaschine hat, kann den Teig bei geringer Geschwindigkeit 10 Minuten kneten.

** Das geht am besten und ganz ohne Tränen mit einem wirklich guten Marken-Gemüsehobel – die sind ein bisschen teurer, funktionieren aber toll und bleiben sehr lange sehr scharf!

1. Vorbereiten
Hefe und Zucker (oder Honig) in lauwarmem Wasser auflösen.

2. Teig machen & gehen lassen
Mehl und Salz in eine Schüssel sieben. In die Mitte eine Mulde machen. Hefe-Mischung und Sonnenblumenöl hineingießen. Unter Rühren vermischen. Mit den Händen auf einer bemehlten Fläche 5–10 Minuten kneten, bis ein seidig weicher Teig entsteht.* Bei Bedarf noch Wasser oder Mehl in sehr kleinen Portionen dazugeben. (Beim Kneten nicht schummeln, je besser der Teig geknetet wird, desto besser schmeckt er auch.) Eine Schüssel leicht einölen und den Teig hineinlegen. An einem warmen Ort zugedeckt ca. 1–2 Stunden gehen lassen, bis er sein Volumen verdoppelt hat.

3. Belag machen & vorheizen
Birnen im Ganzen auf dem Gemüsehobel längs in dünne Scheiben hobeln.** (Achtung auf die Finger!) Oder mit einem Messer halbieren und in Scheiben schneiden. Crème fraîche (oder Ziegenfrischkäse) im Becher glatt rühren. Backofen auf 220 °C Ober-/Unterhitze vorheizen.

4. Teig formen
Teig nach dem Gehen halbieren, beide Hälften nochmals kurz durchkneten und auf einer bemehlten Arbeitsfläche (besser noch direkt auf Backpapier) mit dem Nudelholz oder einer leeren Flasche oval sehr dünn ausrollen. Falls sich der Teig wieder zusammenzieht, mit etwas Frischhaltefolie bedeckt kurz ruhen lassen. Dann weiter ausrollen. Etwa 2–4 Mal wiederholen, bis der Flammkuchenteig so dünn ist, wie gewollt. (Wir wollen ihn sehr dünn!)

5. Belegen
Crème fraîche auf den Teigfladen verteilen. Birnenscheiben auflegen. Mit Honig beträufeln. Blättchen vom Thymian abrebeln. (Dafür die Zweige zwischen Zeigefinger und Daumen halten und die Blättchen abziehen.) Auf den Flammkuchen verteilen.

6. Backen
Flammkuchen mit dem Backpapier auf die Bleche ziehen. Im Ofen auf unterster Schiene 12–15 Minuten knusprig goldgelb backen. Falls zwei Flammkuchen gleichzeitig gebacken werden sollen, dann mit 200 °C Umluft arbeiten.

7. Finalisieren & servieren
Flammkuchen herausnehmen. Im Ganzen oder aufgeschnitten servieren.

Bällchen & Co

DIE GRUNDIDEE

Klein gehacktes Fleisch oder Gemüse wird mit anderen Zutaten zu einer Masse gemischt, geformt und gebraten.

DAS VERHÄLTNIS

Meistens und in etwa: 500 g Basiszutat (Faschiertes, geraspeltes Gemüse) : 50 g Kitt (Semmelbrösel, Semmelwürfel, Haferflocken) : 50 ml Milch plus 1 Ei. Manchmal enthält aber auch die Basiszutat selbst schon ausreichend Kitt.

Fleischbällchen

❯ **VOR DEM START**
Rezept durchlesen, alle benötigten Küchenutensilien zurechtlegen. Zutaten wiegen oder abmessen und bereitstellen.

Zutaten
Für 2–3 Personen

50 g Semmelbrösel
50 ml Milch
1 Knoblauchzehe
1 Zwiebel
Salz
½ Bund Petersilie
2 TL Butter
500 g Faschiertes
(Rind oder Rind und Schwein gemischt)
1 EL Senf
2 TL Majoran
Pfeffer
1 Ei
2–3 El Öl
(etwa Sonnenblumenöl) zum Braten

1. Vorbereiten

Brösel mit Milch übergießen und beiseitestellen. (Die Brösel sollen die Milch komplett aufsaugen.) Knoblauch und Zwiebel* schälen und fein würfeln. Knoblauchwürfel mit ¼ TL Salz bestreuen und mit der flachen Seite eines Messers zu einer glatten Paste zerdrücken. Blättchen der Petersilie abzupfen und mit einem scharfen Messer fein hacken.

* Enden der Zwiebel abschneiden und die äußeren Hautschichten abziehen. Zwiebel halbieren. Auf die Schnittseite legen und quer in dünne Scheiben schneiden, dabei nicht ganz durchschneiden. Dann im 90°-Winkel zur ersten Schnittrichtung wieder in Scheiben schneiden, so entstehen Würfel. Je feiner die Scheiben, desto feiner die Würfel.

4. Beilagen machen

Dazu passen Kartoffelpüree (S. 161) und Gurkensalat (S. 157).

5. Finalisieren & servieren

Bällchen aus der Pfanne nehmen und mit den gewünschten Beilagen servieren.

TIPP Für Fleischbällchen mit Asia-Sauce 6 EL Sojasauce, 3 EL Teriyaki-Sauce, 4 EL Austernsauce, 3 EL braunen Zucker, 3 cm gehackten Ingwer und 1 fein gehackte Knoblauchzehe miteinander vermischen. In einer Pfanne 30–60 Sekunden einkochen lassen. Mit 2 EL Limettensaft verfeinern. Bällchen in die Sauce geben und mit Asia-Nudeln (S. 162) servieren.

2. Masse machen & formen

Butter in einer Pfanne zerlassen und die Zwiebelwürfel darin bei nicht zu großer Hitze anbraten, bis sie glasig werden. Das dauert ca. 2 Minuten. Faschiertes in einer Schüssel mit Senf, Majoran, reichlich Salz und Pfeffer, den eingeweichten Bröseln, gebratenen Zwiebeln, Knoblauch, Petersilie und Ei gut durchmischen. Die Masse sollte sich gut formen lassen und nicht zu feucht sein. (Ansonsten noch ein paar Brösel oder ein wenig Mehl dazugeben.) Mit nassen Händen tischtennisballgroße Kugeln formen.

3. Braten

Öl in einer Pfanne bei mittlerer Hitze erwärmen. (Es ist heiß genug, wenn sich rund um ein hölzernes Essstäbchen, das ihr ins Öl taucht, kleine Blasen bilden.) Die Bällchen ins Öl gleiten lassen und ca. 5–7 Minuten rundherum bräunen. Die Pfanne dabei mehrmals rütteln, so drehen sich die Kugeln. Wenn das nicht funktioniert, mit zwei Gabeln drehen. Bei Bedarf im Ofen bei 50 °C warm halten.

Variante

Cevapcici

VOR DEM START

*Rezept durchlesen, alle benötigten
Küchenutensilien zurechtlegen.
Zutaten wiegen oder abmessen
und bereitstellen.*

Zutaten

Für 2–3 Personen

50 g Semmelbrösel
50 ml Milch
1 Knoblauchzehe
1 Zwiebel
Salz
2 TL Butter
500 g Faschiertes
(Rind oder Rind
und Schwein gemischt)
1 EL Senf
2 TL Oregano
Salz & Pfeffer
1 Ei
2–3 EL Öl
(etwa Sonnenblumenöl)
zum Braten

Außerdem

Holzspieße

1. Vorbereiten

Brösel mit Milch übergießen und beiseitestellen. Die Brösel sollen die Milch komplett aufsaugen. Knoblauch und Zwiebel* schälen und fein würfeln. Knoblauchwürfel mit 1 TL Salz bestreuen und mit der flachen Seite eines Messers zu einer glatten Paste zerdrücken.

* Enden der Zwiebel abschneiden und die äußeren Hautschichten abziehen. Zwiebel halbieren. Auf die Schnittseite legen und quer in dünne Scheiben schneiden, dabei nicht ganz durchschneiden. Dann im 90°-Winkel zur ersten Schnittrichtung wieder in Scheiben schneiden, so entstehen Würfel. Je feiner die Scheiben, desto feiner die Würfel.

2. Masse machen & formen

Butter in einer Pfanne zerlassen und die Zwiebelwürfel darin bei nicht zu großer Hitze anbraten, bis sie glasig werden. Das dauert ca. 2 Minuten. Das Faschierte in einer Schüssel mit Senf, Oregano, reichlich Salz und Pfeffer, den eingeweichten Bröseln, gebratenen Zwiebeln, Knoblauch und Ei gut durchmischen. Die Masse sollte sich gut formen lassen und nicht zu feucht sein. (Ansonsten noch ein paar Brösel oder ein wenig Mehl dazugeben.) Mit nassen Händen etwas mehr als tischtennisballgroße Kugeln formen und diese und zu länglicher Form drücken.

3. Braten

Öl in einer Pfanne bei mittlerer Hitze erwärmen. (Es ist heiß genug, wenn sich rund um ein hölzernes Essstäbchen, das ihr ins Öl taucht, kleine Blasen bilden.) Cevapcici ins Öl gleiten lassen und in ca. 5–7 Minuten rundherum bräunen. Dabei mit zwei Gabeln wenden. Bei Bedarf im Ofen bei 50 °C warm halten.

4. Beilagen machen

Dazu passen rohe Zwiebelringe, Fladenbrot und Tsatsiki (S. 159).

5. Finalisieren & servieren

Cevapcici aus der Pfanne nehmen, auf Holzstäbchen stecken und mit den gewünschten Beilagen servieren.

Variante

Falafel

VOR DEM START

Rezept durchlesen, alle benötigten Küchenutensilien zurechtlegen. Zutaten wiegen oder abmessen und bereitstellen.

Zutaten
Für 18 Stück

300 g Kichererbsen
(am Vorabend eingeweicht)
2–3 Knoblauchzehen
1 Zwiebel
je ½ Bund Petersilie & Koriander
je 1–2 TL gemahlener Koriander
& Kreuzkümmel
1–2 TL Salz & Pfeffer
2 EL Zitronensaft
5 EL Pflanzenöl
(etwa Sonnenblumenöl)
zum Braten

1. Vorbereiten

Kichererbsen mit Wasser bedecken und über Nacht ziehen lassen. Am nächsten Tag abseihen. Knoblauch und Zwiebel* schälen und fein würfeln. Kräuterblättchen abzupfen und mit einem scharfen Messer hacken.

* Enden der Zwiebel abschneiden und die äußeren Hautschichten abziehen. Zwiebel halbieren. Auf die Schnittseite legen und quer in dünne Scheiben schneiden, dabei nicht ganz durchschneiden. Dann im 90°-Winkel zur ersten Schnittrichtung wieder in Scheiben schneiden, so entstehen Würfel. Je feiner die Scheiben, desto feiner die Würfel.

2. Masse machen & formen

Kichererbsen zusammen mit Knoblauch, Zwiebel und Kräutern in einer Schüssel vermischen und in der Küchenmaschine oder mit dem Pürierstab mit hoher Geschwindigkeit pürieren. Dabei mehrmals von den Wänden des Mixglases oder der Schüssel streichen, damit wirklich alles püriert wird. (Die Masse sollte eine dickliche Konsistenz haben.) Gewürze unterrühren. Zum Schluss den Zitronensaft unterrühren. Aus der Masse nussgroße Bällchen (oder kleine Zeppeline) formen.

3. Braten

In einer tiefen Pfanne das Öl bei mäßiger Hitze erwärmen. (Es ist heiß genug, wenn sich rund um ein hölzernes Essstäbchen, das ihr ins Öl taucht, kleine Blasen bilden.) Bällchen darin portionsweise braten, bis sie goldbraun sind. Dabei einmal wenden. Falafel aus der Pfanne heben auf Küchenrolle kurz abtropfen lassen.

4. Beilagen machen

Mit gekauftem Hummus, eingelegtem Gemüse, Salat, Pita- oder Fladenbrot, Tomatensalat (S. 157) und Zitronenschnitzen servieren. Alle Beilagen schon vor dem Braten herrichten oder zubereiten, damit es dann schnell geht. Falafel schmecken nämlich frisch am allerbesten.

5. Finalisieren & servieren

Falafel mit allen Beilagen servieren.

Variante

Veganer Bean Burger

VOR DEM START
Rezept durchlesen, alle benötigten Küchenutensilien zurechtlegen. Zutaten wiegen oder abmessen und bereitstellen.

Zutaten
Für 4 Burger

3 EL Leinsamen
3 EL Wasser
1 Knoblauchzehe
1 kleine Zwiebel
Salz
150 g Champignons
5 EL Öl
(etwa Sonnenblumenöl)
Pfeffer
1 Prise gemahlener Anis
280 g Kidneybohnen (1 Dose)
70 g feine Haferflocken
½ TL geräuchertes Paprikapulver
40 g Walnüsse

Außerdem
4 vegane Burgerbrötchen
große Tomatenscheiben
Salatblätter
rohe Zwiebelringe
Senf und/oder Ketchup
und
je nach Lust & Laune Jalapeños, eingelegte Gurken, geröstete Zwiebeln, vegane Mayonnaise

1. Vorbereiten
Leinsamen und Wasser vermischen und quellen lassen. Knoblauch und Zwiebel* schälen und fein würfeln. Knoblauchwürfel mit ¼ TL Salz bestreuen und mit der flachen Seite eines Messers zu einer glatten Paste zerdrücken. Champignons waschen und trocken tupfen. Stiele kürzen, Champignons fein hacken. In einer Pfanne 1 EL Öl erhitzen und die Champignons darin ca. 5–6 Minuten kräftig anbraten. Mit Salz, Pfeffer und Anis würzen. Beiseitestellen.

* Enden der Zwiebel abschneiden und die äußeren Hautschichten abziehen. Zwiebel halbieren. Auf die Schnittseite legen und quer in dünne Scheiben schneiden, dabei nicht ganz durchschneiden. Dann im 90°-Winkel zur ersten Schnittrichtung wieder in Scheiben schneiden, so entstehen Würfel. Je feiner die Scheiben, desto feiner die Würfel.

2. Masse machen & formen
Bohnen abgießen. ⅔ davon zusammen mit Haferflocken, Salz, Pfeffer und Paprikapulver in der Küchenmaschine (oder mit dem Stabmixer) fein pürieren. Gebratene Champignons, Zwiebel, Knoblauch, restliche Bohnen, Leinsamen und Walnüsse dazugeben und nur mehr kurz grob pürieren. Dann gut durchmischen und die Masse 30 Minuten in den Kühlschrank stellen. Danach aus der Masse Burger Patties formen.

3. Braten
Restliches Öl in einer Pfanne erhitzen und die Patties darin bei mittlerer bis großer Hitze ca. 4–5 Minuten pro Seite braten. Bei Bedarf im Ofen bei 50 °C warm halten. Burgerbrötchen halbieren, im Toaster leicht toasten oder in einer weiten Pfanne mit etwas Öl auf den Innenseiten leicht anrösten.

4. Beilagen machen
Dazu passt Cole Slaw (S. 158).

5. Finalisieren & servieren
Burgerbrötchen mit Patties und gewünschten Zutaten zusammensetzen und servieren.

TIPP Für einen klassischen American Burger aus der Fleischbällchen-Masse Patties formen und vorsichtig braten.

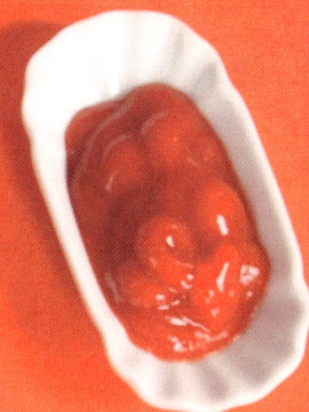

Variante

Bunte Puffer

VOR DEM START

Rezept durchlesen, alle benötigten Küchenutensilien zurechtlegen. Zutaten wiegen oder abmessen und bereitstellen.

Zutaten

Für je ca. 4 Personen

Kartoffelpuffer

500 g Kartoffeln (mehlig)

Salz, Pfeffer & Muskatnussnuss

1 EL Mehl (universal)

2 EL Öl & 2 EL Butter

Süßkartoffel-Puffer

500 g Süßkartoffeln

3 gewürfelte Frühlingszwiebeln

1 EL Sojasauce

Salz, Pfeffer & gemahlener Kreuzkümmel

2–3 EL Mehl (universal)

2 EL Öl & 2 EL Butter

1. Vorbereiten

Kartoffeln (oder Süßkartoffeln) schälen und auf einer Reibe raspeln. 20 Minuten ruhen lassen und ausdrücken.

2. Masse machen

Geraspelte Kartoffeln (oder Süßkartoffeln) in einer Schüssel mit Salz, Pfeffer, Muskatnuss (oder den entsprechenden Gewürzen) und Mehl vermischen.

3. Braten

Butter-Öl-Mischung bei mittlerer Hitze in einer Pfanne erwärmen. (Sie ist heiß genug, wenn sich rund um ein hölzernes Essstäbchen, das ihr ins Fett taucht, kleine Blasen bilden.) Puffermasse portionsweise (ca. 1–2 EL) ins heiße Fett löffeln und flach drücken. Etwa 3–5 Minuten pro Seite goldgelb backen. Herausnehmen und auf Küchenrolle etwas abtropfen lassen, damit die Puffer nicht zu fett sind.

4. Beilagen machen

Mit Kräuter-Dip (S. 159), geräuchertem Fisch (Räucherlachs, Graved Lachs), Sauerkraut oder Rotkraut (S. 165) servieren.

5. Finalisieren & servieren

Auf Tellern oder Platten mit den Beilagen anrichten und servieren.

ÜBRIGENS In der gleichen Art und im Mengenverhältnis 300 g Gemüse : 200 g Kartoffeln könnt ihr auch Gemüsepuffer mit Zucchini, Karotten oder Roten Rüben machen.

Aus dem (fast) ewigen Eis

Tiefgefrorene Gemüse (besonders Erbsen, Rotkraut und Spinat) oder Beeren sind besser als ihr Ruf. Sie kommen in der Regel sehr schnell vom Feld ins Packerl, werden in Sekundenschnelle schockgefroren und haben somit oft mehr Vitamine als Gemüse, das schon tagelang im Supermarkt herumliegt. Geschmacklich können sie auch mithalten. Frische Erbsen gibt es zum Beispiel jedes Jahr nur für eine ganz kurze Zeit. Sie schmecken aber einfach zu gut, um so lange auf sie zu verzichten. Am besten ist natürlich frisches Gemüse und Obst vom Bauernmarkt oder aus dem eigenen Garten. Aber wer hat das schon!

Knödel & Co

DIE GRUNDIDEE

Die Basiszutat wird mit Mehl und Eiern vermischt, die Masse gefüllt oder ungefüllt geformt und in siedendem Wasser gekocht.

DAS VERHÄLTNIS

... von trockenen zu feuchten Zutaten variiert je nach Rezept.

Semmelknödel

> **VOR DEM START**

Rezept durchlesen, alle benötigten Küchenutensilien zurechtlegen. Zutaten wiegen oder abmessen und bereitstellen.

Zutaten

Für 4–6 große
oder 8–10 kleine Knödel

300 g Knödelbrot (oder altes Weißbrot/Semmeln in sehr dünnen Scheiben)

50 g plus 1 TL Butter

2 Eier

250 ml Milch

1 Zwiebel

1 Bund Petersilie
(oder die gleiche Menge gemischte Kräuter, etwa Dill, Petersilie, Schnittlauch, Estragon)

Salz, Pfeffer & Muskatnuss

50 g Mehl (universal, 1–2 EL)

Außerdem

8–12 Salbeiblätter

60 g Butter

1. Vorbereiten

Brot in eine Schüssel geben. 50 g Butter in einem kleinen Topf bei kleiner Hitze zerlassen. Eier und Milch verquirlen und mit zerlassener Butter mischen. Brot damit übergießen und ziehen lassen. Zwiebel schälen und fein würfeln.* 1 TL Butter in einer Pfanne zerlassen und die Zwiebelwürfel darin bei nicht zu großer Hitze anbraten, bis sie glasig werden. Das dauert ca. 2 Minuten. Petersilienblättchen abzupfen und mit einem scharfen Messer hacken. Gleichzeitig einen großen Topf mit leicht gesalzenem Wasser zum Kochen bringen.

* Enden der Zwiebel abschneiden und die äußeren Hautschichten abziehen. Zwiebel halbieren. Auf die Schnittseite legen und quer in dünne Scheiben schneiden, dabei nicht ganz durchschneiden. Dann im 90°-Winkel zur ersten Schnittrichtung wieder in Scheiben schneiden, so entstehen Würfel. Je feiner die Scheiben, desto feiner die Würfel.

4. Beilagen machen

Dazu passt Tomatensauce (S. 44) oder grüner Salat (S. 157).

5. Finalisieren & servieren

Salbeiblätter abzupfen, in Streifen schneiden, Butter in einer Pfanne zerlassen und die Salbeistreifen darin bei kleiner Hitze knusprig braten. Knödel darin schwenken und mit den gewünschten Beilagen servieren.

TIPP 1 Wenn ihr unsicher seid, ob die Knödelmasse die richtige Konsistenz hat, setzt ihr einen kleinen Topf mit Wasser auf, macht einen Probeknödel und lasst ihn im siedenden Wasser gar ziehen. Hält er, passt die Masse, zerfällt er, noch etwas Mehl dazugeben und nochmals probieren. Mit der Zeit bekommt ihr ein gutes Gefühl dafür, ob der Teig passt. Wichtig ist, die Knödel nach dem Formen nicht ruhen zu lassen, sondern sie möglichst gleich zu kochen.

TIPP 2 Wenn mal viele Leute kommen: Knödel wie im Rezept zubereiten. Kurz vor dem Servieren nochmals 1–2 Minuten in siedendes Wasser tauchen oder kurz in Butter anbraten. Knödel lassen sich nach dem Kochen auch gut einfrieren.

2. Masse machen & formen

Zwiebel und Petersilie unter die Knödelmasse mischen. Mit Salz, Pfeffer und Muskatnuss kräftig abschmecken. (Die Knödelmasse sollte feucht, aber fest sein.) Mehl darüberstäuben und durchmischen. (Dabei nicht zu fest kneten, sonst werden die Knödel hart!) Mit nassen Händen Knödel formen.

3. Kochen

Wenn das Wasser kocht, die Knödel ins Wasser gleiten lassen. Hitze reduzieren, sodass das Wasser nur mehr siedet. Knödel darin 15–20 Minuten ziehen lassen. Sobald sie an die Oberfläche poppen, sind sie fertig. Mit einem Schaumlöffel herausheben und in einem Sieb abtropfen lassen. (Wer jetzt noch lange für die Zubereitung der Beilagen braucht, liest TIPP 2.)

Serviettenknödel

Zutaten

Für 4–6 Personen
je nach Hunger

300 g Knödelbrot
(oder altes Weißbrot/Semmeln
in sehr dünnen Scheiben)

50 g Butter
plus 1 TL für die Zwiebeln
plus etwas zerlassene
Butter für die Serviette
plus etwas Butter zum Braten
der Knödelscheiben

2 Eier

250 ml Milch

1 Zwiebel

1 Bund Petersilie
(oder die gleiche Menge
gemischter Kräuter,
etwa Dill, Petersilie,
Schnittlauch, Estragon)

Salz, Pfeffer & Muskatnuss

50 g Mehl (universal, 1–2 EL)

Außerdem

Küchengarn

Serviette

1. Vorbereiten

Brot in eine Schüssel geben. 50 g Butter in einem kleinen Topf bei kleiner Hitze zerlassen. Eier und Milch verquirlen und mit zerlassener Butter mischen. Brot damit übergießen und ziehen lassen. Zwiebel schälen und fein würfeln.* 1 TL Butter in einer Pfanne zerlassen und Zwiebelwürfel darin bei nicht zu großer Hitze anbraten, bis sie glasig werden. Das dauert ca. 2 Minuten. Petersilienblättchen abzupfen und mit einem scharfen Messer hacken. Gleichzeitig einen großen Topf mit leicht gesalzenem Wasser zum Kochen bringen.

* Enden der Zwiebel abschneiden und die äußeren Hautschichten abziehen. Zwiebel halbieren. Auf die Schnittseite legen und quer in dünne Scheiben schneiden, dabei nicht ganz durchschneiden. Dann im 90°-Winkel zur ersten Schnittrichtung wieder in Scheiben schneiden, so entstehen Würfel. Je feiner die Scheiben, desto feiner die Würfel.

2. Masse machen & formen

Zwiebel und Petersilie unter die Knödelmasse mischen. Mit Salz, Pfeffer und Muskatnuss kräftig abschmecken. (Die Knödelmasse sollte feucht, aber fest sein.) Noch 2 EL Mehl darüberstäuben und durchmischen. Eine saubere Serviette (sie sollte nicht mit intensivem Waschmittel gewaschen sein, das schmeckt man sonst) dort, wo der Knödel liegen soll, mit Butter bepinseln. Knödelmasse in einer dicken Wurst auf die Serviette legen. Untere Serviettenseite darüberschlagen und den Knödel nicht allzu fest aufrollen. Die Enden mit Spagat oder Küchengarn zusammenbinden.

3. Kochen

Wenn das Wasser kocht, den Knödel ins Wasser gleiten lassen. Hitze reduzieren, sodass das Wasser nur mehr siedet. Knödel darin 15–20 Minuten ziehen lassen. Herausheben und in einem Sieb etwas abtropfen und abkühlen lassen. Dann auspacken und in Scheiben schneiden. (Achtung, heiß!)

4. Beilagen machen

Dazu passt Rotkraut (S. 165) und natürlich auch ein Gulasch (S. 21).

5. Finalisieren & servieren

Wer mag, zerlässt Butter in der Pfanne und brät die Knödelscheiben darin goldgelb. Muss aber nicht sein. Mit den Beilagen servieren.

TIPP Wer ganz sicher gehen will, kann den Knödel zusätzlich mit Alufolie umwickeln. Dann kommt sicher kein Wasser an die Knödelmasse und sie bleibt schön trocken.

Kartoffelknödel

Zutaten

Für 6 große
oder 12 kleine Knödel

300 g Kartoffeln (mehlig)
Salz & Muskatnuss
2 Eier
200 Mehl (griffig)
plus etwas für die Arbeitsfläche
2 EL Topfen
3 EL Butter
(oder Butterschmalz)
zum Braten der Knödel

Füllung

150 g würzige Wurst
oder Geselchtes
2 TL Butter
(oder Butterschmalz)
2 TL Majoran
1 TL Senf
Salz & Pfeffer

1. Vorbereiten

Kartoffeln in einem Topf mit kaltem Wasser zustellen und kochen. Abseihen und auf dem Herd bei kleiner Hitze im offenen Topf komplett trocknen lassen. Für die Füllung Wurst (oder Geselchtes) sehr fein würfeln. In einer Pfanne in 2 TL Butter (oder Butterschmalz) anbraten, Majoran und Senf dazugeben und mit Salz und Pfeffer kräftig abschmecken. Auskühlen lassen.

2. Masse machen & formen

Kartoffeln schälen und durch die Kartoffelpresse drücken. Oder mit dem Kartoffelstampfer sehr fein stampfen und mit Salz und Muskatnuss kräftig würzen. Kartoffelmasse mit Eiern, Mehl und Topfen auf einer bemehlten Arbeitsfläche zu einem glatten Teig kneten. In Frischhaltefolie einschlagen und 30 Minuten ruhen lassen.
Teig auf einer bemehlten Arbeitsfläche zu Rollen von ca. 5 cm Durchmesser formen. Rollen in gleich große Scheiben (ca. 3 cm breit) schneiden. Scheiben in der hohlen Hand etwas flach drücken und 1–2 TL der Füllung in die Mitte setzen. Teig mit den Fingern über der Füllung schließen und zwischen den Handflächen zu Knödeln rollen. (Werden sie nicht gefüllt, gleich zu Knödeln formen.)

3. Kochen

Währenddessen in einem großen Topf leicht gesalzenes Wasser zum Kochen bringen. Knödel ins Wasser gleiten lassen. Hitze reduzieren, sodass das Wasser nur mehr siedet, und die Knödel ca. 15–20 Minuten ziehen lassen, bis sie an die Oberfläche poppen. Mit einem Schaumlöffel herausfischen und in einem Sieb abtropfen lassen.

4. Beilagen machen

Mit grünem Salat (S. 157), Rotkraut (S. 165) oder (ungefüllt) als Beilage zu saftigen Schmorgerichten (etwa Gulasch, S. 21) servieren.

5. Finalisieren & servieren

Butter (oder Butterschmalz) in einer Pfanne zerlassen und die Knödel darin schwenken, bis sie goldbraun sind.

Topfenknödel

VOR DEM START

Rezept durchlesen, alle benötigten Küchenutensilien zurechtlegen. Zutaten wiegen oder abmessen und bereitstellen.

Zutaten
Für 4–6 Personen

Hülle
100 g Butter
80 g Semmelbrösel

Knödel
je ½ Bio-Zitrone und -Orange
30 g Butter
300 g Topfen
2 Eier
60 g Zucker
80 g Semmelbrösel
30 g Mehl (griffig)

Außerdem
Staubzucker
Zimt

1. Vorbereiten
Für die Hülle die Butter in einer Pfanne zerlassen, Brösel darin goldgelb anrösten. Beiseite-stellen. Zitrusschalen mit einer feinen Reibe abreiben.

2. Masse machen & formen
Butter in einem kleinen Topf bei kleiner Hitze zerlassen. 1 Ei ganz lassen. 1 Ei trennen.* Topfen, ganzes Ei, Eigelb, Zucker und Zitrusschalen gut miteinander verrühren. Flüssige Butter in dünnem Strahl unter Rühren einarbeiten. Dann Brösel und Mehl dazugeben und gut durchrühren. Teig ca. 2 Stunden kalt stellen. Aus der Topfenmasse tischtennisballgroße Knödel formen.

* Das Trennen von Eiern geht am besten mit den Händen: Dafür zwei Schüsseln bereit-stellen. (Es ist wichtig, dass die Eiweiß-Schüssel fettfrei ist und sich beim Trennen kein Eigelb reinschummelt.) Ei vorsichtig am Schüsselrand aufschlagen, bis die Schale einen Knacks bekommt. Über der Eiweiß-Schüssel öffnen, Eiweiß und Eigelb in eine Hand gleiten lassen, dabei rinnt das Eiweiß durch die Finger in die Schüssel. Eigelb in die andere Schüssel geben.

3. Kochen
Währenddessen in einem großen Topf leicht gesalzenes Wasser zum Kochen bringen. Die Knödel ins Wasser gleiten lassen. Hitze reduzieren, sodass das Wasser nur mehr siedet, und die Knödel ca. 10–12 Minuten ziehen lassen, bis sie an die Oberfläche poppen. Mit einem Schaumlöffel herausfischen und in einem Sieb abtropfen lassen.

4. Beilagen machen
Dazu passt fertiger Zwetschkenröster oder jedes andere Kompott.

5. Finalisieren & servieren
Knödel unter Rütteln der Pfanne in den Bröseln wälzen, bis sie rundum überzogen sind. Sofort mit Staubzucker und etwas Zimt bestreut servieren.

ÜBRIGENS Sollen die Topfenknödel gefüllt werden, dann etwas Masse in der Handfläche flach drücken, eine Frucht (etwa Marille oder Zwetschke) in die Mitte setzen und den Teig mit den Fingerspitzen über der Frucht zusammendrücken. Zwischen den Handflächen zu Knödeln rollen.

Variante

Schupfnudeln mit Mohn

VOR DEM START

Rezept durchlesen, alle benötigten Küchenutensilien zurechtlegen. Zutaten wiegen oder abmessen und bereitstellen.

Zutaten

Für ca. 4 Personen

300 g Kartoffeln (mehlig)
2 Eier
200 g Mehl (griffig)
plus etwas für die Arbeitsfläche
2 EL Topfen

Außerdem

100 g Butter
50 g Mohn
Staubzucker

1. Vorbereiten

Kartoffeln in einem Topf mit kaltem Wasser zustellen und kochen. Abseihen und auf dem Herd bei kleiner Hitze im offenen Topf komplett trocknen lassen.

2. Masse machen & formen

Kartoffeln schälen und durch die Kartoffelpresse drücken. Oder mit dem Kartoffelstampfer sehr fein stampfen. Kartoffelmasse mit Eiern, Mehl und Topfen auf einer bemehlten Arbeitsfläche zu einem glatten Teig kneten. In Frischhaltefolie einschlagen und 30 Minuten ruhen lassen.

Teig auf einer bemehlten Arbeitsfläche zu Rollen von ca. 5 cm Durchmesser formen. Rollen in gleich große Scheiben (ca. 3 cm breit) schneiden. Scheiben auf der Arbeitsfläche mit der flachen Hand hin- und her rollen. Dabei darauf achten, dass die Enden der Nudeln spitz zulaufen.

3. Kochen

Währenddessen in einem großen Topf leicht gesalzenes Wasser zum Kochen bringen. Schupfnudeln ins Wasser gleiten lassen. Hitze reduzieren, sodass das Wasser nur mehr siedet. Schupfnudeln ca. 12–15 Minuten ziehen lassen, bis sie an die Oberfläche poppen. Mit einem Schaumlöffel herausfischen und in einem Sieb abtropfen lassen.

4. Beilagen machen

Dazu passt fertiger Zwetschkenröster.

5. Finalisieren & servieren

Butter in einer Pfanne zerlassen und die Schupfnudeln kurz darin schwenken. Mit Mohn bestreuen und durchmischen, bis an allen Nudeln ein wenig Mohn haftet. Auf Teller verteilen und mit Staubzucker bestreuen.

TIPP Ohne Mohn passen die Schupfnudeln auch zu Schmorgerichten wie Gulasch (S. 21). In Butter geschwenkt mit einem Salat sind sie ein eigenes Gericht.

Quiches & Tartes

DIE GRUNDIDEE

Im Ofen gebackener Blätter- oder Mürbteig wird gefüllt und mit einem Guss aus Eiern, Schlagobers, Crème fraîche oder Sauerrahm und Käse versehen.

DAS VERHÄLTNIS

Teig : Füllung : Guss | 1 : 1 : 1.
Vereinfacht gesagt: etwa gleich viel von allem.

Tomatentarte

> **VOR DEM START**

Rezept durchlesen, alle benötigten Küchenutensilien zurechtlegen. Zutaten wiegen oder abmessen und bereitstellen.

Zutaten
Für eine Tarte- oder Springform mit 26 cm Ø

Teig
1 Pkg. fertiger Quiche- oder Blätterteig (300 g)

etwas Butter für die Form

Backpapier

250–300 g getrocknete Hülsenfrüchte (Bohnen, Linsen etc.)

Tomaten-Füllung
2 Knoblauchzehen

300 g Cherrytomaten (oder andere Tomaten in Stücken)

1–2 TL Salz

2–3 EL Olivenöl

evtl. 1 TL Zucker (falls die Tomaten nicht geschmacksintensiv genug sind)

Guss
50–100 g Ziegenkäse (oder Cheddar oder Parmesan)

50 g Sauerrahm

50 ml Schlagobers (oder Milch)

2 Eier

Salz & Pfeffer

1. Vorbereiten

Ofen auf 150 °C Ober-/Unterhitze vorheizen. Knoblauch für die Tomaten-Füllung schälen. Tomaten waschen, halbieren und auf einem tiefen Backblech verteilen. Salz, Olivenöl, Knoblauchzehen im Ganzen und evtl. Zucker dazugeben. Gut durchmischen, die Tomaten mit der Schnittseite nach oben anordnen. Im Ofen auf mittlerer Schiene 50 Minuten schmoren, bis die Tomaten leicht gebräunt sind und herrlich duften. Herausnehmen. Knoblauchzehen zerdrücken und untermischen. Tomaten beiseitestellen.* Ofentemperatur auf 220 °C erhöhen.

2. Teig machen

Entfällt, weil fertiger Teig verwendet wird.

* Das ist jetzt ein bisschen aufwendig. Die Tomaten können aber auf Vorrat gemacht werden. In einem Schraubglas mit Olivenöl bedeckt halten sie sich im Kühlschrank 1–2 Wochen. Schmecken zu Pasta, Salaten etc.

5. Guss machen

Käse reiben. Alle Zutaten für den Guss miteinander vermischen und würzen. (Vorsicht mit dem Salz, die Tomaten sind schon recht würzig.)

6. Zusammenstellen & backen

Tomaten auf dem vorgebackenen Teig verteilen und mit Guss übergießen. Tarte auf unterster Schiene (damit der Boden schön knusprig wird) 30 Minuten backen, bis sie goldbraun ist und herrlich duftet. Herausnehmen, etwas abkühlen lassen.

** So nennt man den Vorgang, wen ein Teig vorgebacken wird, damit er knusprig bleibt. Wem das zu aufwendig ist, der kann den Teigboden vor dem Befüllen auch mit Eiweiß bestreichen. Dafür 1 Ei trennen, das Eigelb für den Guss verwenden. Guter Trick: Wer nichts davon gemacht hat, kann die fertig gebackene Tarte für ca. 6–8 Minuten bei mittlerer Hitze auf die Herdplatte stellen. Durch die Unterhitze wird die Unterseite nachgebacken und dadurch knuspriger. Aber aufpassen, dass nichts anbrennt!

SHORT CUT Es gibt inzwischen gute fertige Teige. Außerdem ist Blätterteig wirklich kompliziert in der Zubereitung.

3. Auskleiden & vorbacken

Form überall gut buttern. Teig aus dem Kühlschrank nehmen. Form damit auskleiden. Teig an den Rändern 2 cm hochstehen lassen. Überstehende Teile wegschneiden. Teig mit Backpapier belegen und mit Hülsenfrüchten beschweren. Ca. 30 Minuten im Kühlschrank kühlen. Dann 12–15 Minuten auf unterster Schiene im Ofen blindbacken**. Herausnehmen, das Papier mit den Hülsenfrüchten entfernen. (Achtung, das ist heiß!) Teig nochmals 8 Minuten backen. Ofenhitze auf 180 °C reduzieren.

4. Füllung machen

Tomaten bereitstellen.

7. Beilagen machen

Dazu passen Pesto (S. 167) und geröstete Pinienkerne. Dafür 2 EL Pinienkerne ohne Öl bei kleiner Hitze rösten. Über die Tarte streuen. Auch gut dazu: grüner Salat (S. 157).

8. Beilagen machen

Mit einem scharfen Messer die Tarte vom Tortenrand lösen, sofern sie noch haftet. Den Tortenring (falls vorhanden) lösen und die Tarte servieren.

Variante

Gemüsetarte

VOR DEM START

Rezept durchlesen, alle benötigten Küchenutensilien zurechtlegen. Zutaten wiegen oder abmessen und bereitstellen.

Zutaten

Für eine Tarte- oder Springform mit 26 cm Ø

Teig

1 Pkg. fertiger Quicheteig (300 g)

etwas Butter für die Form

Backpapier

250–300 g getrocknete Hülsenfrüchte (Bohnen, Linsen etc.)

Gemüse-Füllung

je ½ roter & gelber Paprika (oder 150 g gemischtes Gemüse)

je 1 Handvoll Champignons & (TK-)Erbsen (oder insg. 150 g anderes gemischtes Gemüse)

1 Zwiebel

2 EL Olivenöl

1. Vorbereiten

Alle Gemüse für die Füllung wenn nötig putzen und schneiden. Zwiebel schälen und fein würfeln.*

* Enden der Zwiebel abschneiden und die äußeren Hautschichten abziehen. Zwiebel halbieren. Auf die Schnittseite legen und quer in dünne Scheiben schneiden, dabei nicht ganz durchschneiden. Dann im 90°-Winkel zur ersten Schnittrichtung wieder in Scheiben schneiden, so entstehen Würfel. Je feiner die Scheiben, desto feiner die Würfel.

2. Teig machen

Entfällt, weil fertiger Teig verwendet wird.

3. Auskleiden & vorbacken

Form gut buttern. Teig aus dem Kühlschrank nehmen. Form damit auskleiden. Teig an den Rändern 2 cm hochstehen lassen. Überstehende Teile wegschneiden. Teig mit Backpapier belegen und mit Hülsenfrüchten beschweren. Ca. 30 Minuten im Kühlschrank kühlen. Backofen auf 220 °C Ober-/Unterhitze vorheizen. Dann 12–15 Minuten auf unterster Schiene im Ofen blindbacken*. Herausnehmen, das Papier mit den Hülsenfrüchten entfernen. (Achtung, das ist heiß!) Teig nochmals 8 Minuten backen. Ofenhitze auf 180 °C reduzieren.

* So nennt man den Vorgang, wenn ein Teig vorgebacken wird, damit er knusprig bleibt. Wem das zu aufwendig ist, der kann den Teigboden vor dem Befüllen auch mit Eiweiß bestreichen. Dafür 1 Ei trennen, das Eigelb für den Guss verwenden. Guter Trick: Wer nichts davon gemacht hat, kann die fertig gebackene Tarte für ca. 6–8 Minuten bei mittlerer Hitze auf die Herdplatte stellen. Durch die Unterhitze wird die Unterseite nachgebacken und dadurch knuspriger. Aber aufpassen, dass nichts anbrennt!

4. Füllung machen

In einer Pfanne das Olivenöl bei mittlerer Hitze erwärmen. Zwiebel und Gemüse darin ca. 15 Minuten unter Rühren anbraten. Kräftig mit Salz und Pfeffer würzen. Beiseitestellen.

Bitte umblättern →

Guss

50–100 g Ziegenkäse
(Cheddar oder Parmesan)

50 g Sauerrahm

50 ml Schlagobers
(oder Milch)

2 Eier

Salz & Pfeffer

5. Guss machen

Käse reiben. Alle Zutaten für den Guss miteinander vermischen und würzen.
(Vorsicht mit dem Salz, das Gemüse sind schon recht würzig.)

6. Zusammenstellen & backen

Gemüse auf dem vorgebackenen Teig verteilen und mit Guss übergießen. Tarte auf
unterster Schiene (damit der Boden schön knusprig wird) 30 Minuten backen, bis sie
goldbraun ist und herrlich duftet. Herausnehmen, etwas abkühlen lassen.

7. Beilagen machen

Käse reiben. Alle Zutaten für den Guss miteinander vermischen und würzen.
(Vorsicht mit dem Salz, das Gemüse sind schon recht würzig.)

8. Servieren

Mit einem scharfen Messer die Tarte vom Tortenrand lösen, sofern sie noch haftet.
Den Tortenring (falls vorhanden) lösen und die Tarte servieren.

TIPP Falls der Guss zu flüssig ist, einfach 1 EL Maisstärke (Maizena) mit
etwas Sauerrahm in einer Schüssel glatt rühren und unter den Guss
mischen. Dann hält das auf jeden Fall!

Variante

Quiche mit Lauch & Speck

Zutaten

Für eine Tarte- oder Springform mit 26 cm Ø

Mürbteig

250 g Mehl (glatt)
plus etwas für die Arbeitsfläche

1 Prise Salz

150 g Butter (weich)
plus etwas für die Form

1 Ei

1–2 EL Wasser

Backpapier

250–300 g getrocknete
Hülsenfrüchte
(Bohnen, Linsen etc.)

Füllung

100 g Speck (geht auch ohne)

400 g Lauch

1 EL Butter

Salz, Pfeffer & Muskatnuss

1. Vorbereiten

Speck für die Füllung würfeln. Vom Lauch die Wurzeln abschneiden, Lauch längs halbieren und die weißen und hellgrünen Teile in Scheibchen schneiden, in einem Sieb waschen, bis alle Erde entfernt ist, und gut abtropfen lassen.

2. Teig machen

Mehl, Salz und Butter in Stücken mit den Fingerspitzen zu einer krümeligen Masse zerbröseln. In der Mitte eine Mulde machen. Ei verquirlen und mit dem Wasser hineingeben. Alles rasch zu einem glatten Teig kneten. In Frischhaltefolie einpacken. Mit dem Nudelholz (oder einer leeren Flasche) etwas flach drücken. 1 Stunde im Kühlschrank kühlen.

3. Auskleiden & vorbacken

Form gut buttern. Teig aus dem Kühlschrank nehmen und auf einer bemehlten Arbeitsfläche ca. 3 mm dünn rund ausrollen. Form damit auskleiden. Teig an den Rändern 2 cm hochstehen lassen. Teig mit Backpapier belegen und mit Hülsenfrüchten beschweren. Ca. 30 Minuten im Kühlschrank kühlen. Ofen auf 220 °C Ober-/Unterhitze vorheizen. Teig aus dem Kühlschrank nehmen und 12–15 Minuten auf unterster Schiene im Ofen blindbacken*. Herausnehmen, das Papier mit den Hülsenfrüchten entfernen. (Achtung, das ist heiß!) Teig nochmals 8 Minuten backen. Ofenhitze auf 180 °C reduzieren.

* So nennt man den Vorgang, wenn ein Teig vorgebacken wird, damit er knusprig bleibt. Wem das zu aufwendig ist, der kann den Teigboden vor dem Befüllen auch mit Eiweiß bestreichen. Dafür 1 Ei trennen, das Eigelb für den Guss verwenden. Guter Trick: Wer nichts davon gemacht hat, kann die fertig gebackene Tarte für ca. 6–8 Minuten bei mittlerer Hitze auf die Herdplatte stellen. Durch die Unterhitze wird die Unterseite nachgebacken und dadurch knuspriger. Aber aufpassen, dass nichts anbrennt!

4. Füllung machen

Speck in einer Pfanne ohne Fett bei mittlerer Hitze knusprig anbraten. Herausnehmen (dafür eignet sich ein Schaumlöffel). Auf Küchenrolle abtropfen lassen. Butter in der Speckpfanne zerlassen und Lauch darin anbraten. Würzen und zugedeckt ca. 3–5 Minuten weich braten. Vom Herd nehmen.

Bitte umblättern →

Variante

Guss

150 ml Schlagobers
150 g Crème fraîche
3 Eier
Salz & Pfeffer

5. Guss machen

Alle Zutaten für den Guss miteinander vermischen und würzen. (Vorsicht mit dem Salz, Lauch und Speck sind schon recht salzig.)

6. Zusammenstellen & backen

Lauch auf dem vorgebackenen Teig verteilen und mit Guss übergießen. Zum Schluss den Speck darauf verteilen. Quiche auf unterster Schiene (damit der Boden schön knusprig wird) 30 Minuten backen, bis sie goldbraun ist und herrlich duftet.

7. Beilagen machen

Dazu passt grüner Salat oder Tomatensalat (S. 157).

8. Servieren

Mit einem scharfen Messer die Quiche vom Tortenrand lösen, sofern sie noch haftet. Den Tortenring (falls vorhanden) lösen und die Quiche servieren.

RIP Quichereste in kleine Würfel schneiden, zusammen mit 1 gewürfelten Zwiebel anrösten. Es passen auch andere Zutaten wie Kartoffeln oder Gemüse dazu. Insgesamt sollten ca. 50–70 g pro Person zusammenkommen. Mit verquirlten Eiern (1–2 pro Person) übergießen. In einer gebutterten Form im Ofen bei 180 °C Ober-/Unterhitze ca. 25–30 Minuten goldbraun backen.

Beeren-Tartelette

Zutaten

Für 2 Tartelette-Formen
mit ca. 20 cm Ø

Mürbteig

250 g Mehl (glatt) plus etwas
für die Arbeitsfläche

1 Prise Salz

150 g Butter (weich)
plus etwas für die Formen

1 Ei

1–2 EL Wasser

Backpapier

Füllung

2 EL Zucker

2 EL Wasser

125 g frische Beeren (oder TK)

2–4 cl Crème de Cassis
(Likör aus schwarzen
Johannisbeeren)

oder

Johannisbeersaft
(es geht auch Wasser)

1. Vorbereiten

Beeren wenn nötig waschen und putzen.

2. Teig machen

Mehl, Salz und Butter in Stücken mit den Fingerspitzen zu einer krümeligen Masse zerbröseln. In der Mitte eine Mulde machen. Ei verquirlen und mit Wasser hineingeben. Alles rasch zu einem glatten Teig kneten. In Frischhaltefolie einpacken. Mit dem Nudelholz (oder einer leeren Flasche) etwas flach drücken. 1 Stunde im Kühlschrank kühlen. Ofen auf 180 °C Ober-/Unterhitze vorheizen.

3. Auskleiden & vorbacken

Tartelette-Formen gut buttern. Teig aus dem Kühlschrank nehmen und in zwei Portionen teilen. Auf einer bemehlten Arbeitsfläche ca. 3 mm dünn rund ausrollen. Formen damit auskleiden. Teig an den Rändern 2 cm hochstehen lassen. Boden mit einer Gabel mehrmals einstechen. Überstehenden Teig NICHT abschneiden. Nochmals kühlen. Vorbacken entfällt.

4. Füllung machen

Währenddessen in einer Pfanne Zucker mit 2 EL Wasser bei kleiner Hitze hellbraun karamellisieren.* 125 g Beeren dazugeben und mit Cassis ablöschen. (Der Zucker wird dabei fest.) Etwas einkochen lassen, bis der Zucker wieder flüssig wird und die Beeren gerade weich werden. Von der Hitze nehmen und abkühlen lassen.

* Zucker mit Wasser in einer Pfanne schmelzen, bis er flüssig ist. Das dauert zuerst, geht dann aber wirklich schnell. In weniger als Sekundenschnelle nimmt der geschmolzene Zucker Farbe an, dann sofort von der Hitze nehmen (er dunkelt nach) bzw. wie im Rezept weiterverarbeiten. Karamell erfordert auf jeden Fall Aufmerksamkeit und der Zucker wird WIRKLICH heiß!

Bitte umblättern →

Variante

Guss

1 Bio-Zitrone
150 ml Schlagobers
150 g Crème fraîche
3 Eier
1–2 EL Zucker

Außerdem

250 ml Schlagobers (1 Becher)
50–70 g gemischte frische
Beeren zum Belegen
(Him-, Brom-, Heidel-,
Johannisbeeren)
etwas Staubzucker

5. Guss machen

Zitronenschale mit einer feinen Reibe abreiben. Alle Zutaten für den Guss miteinander vermischen. Dabei etwas Ei abzweigen.

6. Zusammenstellen & backen

Karamellisierte Beeren und den Guss auf den Tartelettes verteilen und die überstehenden Ränder nach innen einschlagen. Mit verquirltem Ei bestreichen. Im Ofen ca. 30–35 Minuten backen, bis sie goldgelb sind und die Masse stockt.

7. Beilagen machen

Schlagobers mit etwas Staubzucker mit der Hand oder dem Handmixer halbfest aufschlagen.

8. Servieren

Tartelettes aus dem Ofen nehmen und etwas abkühlen lassen. Mit einem scharfen Messer vom Tortenrand lösen, sofern sie noch haften. Dann Tortenringe lösen. Mit frischen Beeren belegen und mit Staubzucker bestreuen.

ÜBRIGENS Wer keine Tartelette-Formen hat kann auch Galettes (wie auf dem BILD auf S. 131) backen, die macht man ohne Form. Dafür den Teig ausrollen, auf ein mit Backpapier ausgelegtes Blech legen. Mit den gekochten Beeren belegen und den Guss weglassen. Teigränder ca. 1–2 cm zur Mitte hin über die Beeren einschlagen. Ränder mit Eigelb bestreichen. Und ebenfalls bei 180 °C 30–35 Minuten backen.

FREESTYLE Die Tartelettes schmecken auch mit anderen Früchten (Marillen mit Marillenschnaps oder -saft, Zwetschken mit Zwetschgenschnaps oder Traubensaft, Apfel oder Birne mit Apfel- oder Birnenschnaps bzw. -saft).

Ouuups!

Fehler sind das Tor zur Erkenntnis und allgegenwärtig. Ständig passieren irgendwo auf der Welt Fehler. Jetzt, jetzt und jetzt! Jedem Koch und jeder Köchin, selbst den ganz großen, ist schon mal was in die Hose gegangen. Es macht also nichts, wenn in eurer Küche was schiefgeht. Einfach weitermachen! Wer weiß, vielleicht bringt der Fehler eine völlig neue Idee zum Vorschein, auf die man ohne ihn niemals gekommen wäre. Vielleicht tut das leicht rauchige Aroma der angebrannten Bohnen dem scharfen Bohnentopf gut und schmeckt nach mexikanischer Wildnis. Das kann man vorher nie wissen. Da gilt nur eins: Ausprobieren!

Ist etwas versalzen, einfach eine rohe Kartoffel hineinreiben. Ist etwas zu scharf geworden, mit Milchprodukten gegenarbeiten. Ein Löffel Sauerrahm oder ein bisschen Schlagobers können da Wunder wirken. Ist etwas verbrannt, den Topf wechseln und nur das behalten, was nicht allzu verbannt ist. Flockt etwas aus, durch ein Sieb passieren. Gerinnt etwas, kann man es meist mit ein paar Tropfen heißem Wasser wieder verbinden. Ist etwas zu weich gekocht, Püree daraus machen. Schmeckt etwas noch nicht so richtig gut, dann hilft vielleicht Seite 57 weiter. Aber eines solltet ihr auf keinen Fall machen: verzweifeln.

Pancakes & Co

DIE GRUNDIDEE

Flüssiger Teig aus Mehl, Milch und Eiern wird in der Pfanne gebraten und dann nach Belieben gefüllt oder mit anderen Zutaten serviert.

DAS VERHÄLTNIS

Für 8–10 Pancakes:
200 g Mehl : 2 Eier : 400 ml Milch

Marmeladepalatschinken

› **VOR DEM START**
Rezept durchlesen, alle benötigten Küchenutensilien zurechtlegen. Zutaten wiegen oder abmessen und bereitstellen.

Zutaten
Für 8–10 Stück

200 g Mehl (universal)
1 Prise Salz
1 Pkg. Vanillezucker
2 Eier
ca. 400 ml Milch
Butter zum Braten

Außerdem
Marillenmarmelade
Staubzucker

1. Vorbereiten

Marillenmarmelade glatt rühren, damit sie sich leicht verstreichen lässt.

2. Teig machen

Mehl, Salz und Vanillezucker miteinander vermischen. Eier und Milch verquirlen. Langsam die Mehlmischung unterrühren. Es soll ein glatter Teig ohne Klümpchen entstehen. Teig ca. 20 Minuten ruhen lassen.

5. Finalisieren & servieren

Mit Staubzucker bestreuen und sofort servieren. Ein Glas eiskalte Milch schmeckt toll dazu.

FREESTYLE Mit anderen Marmeladen füllen oder mit Schoko- oder Topfencreme, Eis oder was euch sonst noch so einfällt. Kann ruhig auch pikant sein, wie Schinken oder Gemüse.

3. Braten & warm halten

1 TL Butter in einer Pfanne bei mittlerer Hitze zerlassen. 1 Schöpflöffel Teig in die Pfanne geben. Pfanne anheben und drehen, sodass der Teig den ganzen Pfannenboden hauchdünn bedeckt. 1 Minute goldbraun braten. Mit einem dünnen Pfannenwender umdrehen. Auf der zweiten Seite 30 Sekunden braten. Mit dem restlichen Teig ebenso verfahren. Fertige Palatschinken auf einen vorgewärmten Teller legen und mit einem Suppenteller oder Deckel abdecken, damit sie warm bleiben. Oder im Ofen bei 50 °C warm halten.

4. Füllen

Palatschinken mit der Marmelade bestreichen und aufrollen.

Asiatische Palatschinken

VOR DEM START

*Rezept durchlesen, alle benötigten
Küchenutensilien zurechtlegen.
Zutaten wiegen oder abmessen
und bereitstellen.*

Zutaten
Für 4 Personen

200 g Mehl
(universal oder Reismehl)
1 Prise Salz
2 Eier
ca. 400 ml Milch
(oder Kokosmilch)
Öl zum Braten

Füllung
1 Zwiebel
500 g Gemüse
(etwa Sojasprossen,
Erbsenschoten, Karotten,
Brokkoliröschen,
Champignons)
1–2 rote Chilischoten
2 cm Ingwer
2 EL Sojasauce
etwas Sweet Chilisauce

1. Vorbereiten

Zwiebel für die Füllung schälen und würfeln.* Gemüse putzen und klein schneiden.
Chilis halbieren, entkernen und fein hacken.** Ingwer schälen und ebenfalls fein hacken.
Ingwer und Chili mit Sojasauce und etwas Chilisauce vermischen. Zwiebel in einer Pfanne
anbraten, Gemüse dazugeben und ca. 5 Minuten unter Rühren mitbraten. Mit der Ingwer-
Chili-Sauce ablöschen. Deckel auflegen und ca. 2 Minuten fertig braten, bis das Gemüse
bissfest ist. Beiseitestellen.

* Enden der Zwiebel abschneiden und die äußeren Hautschichten abziehen. Zwiebel
halbieren. Auf die Schnittseite legen und quer in dünne Scheiben schneiden, dabei nicht
ganz durchschneiden. Dann im 90°-Winkel zur ersten Schnittrichtung wieder in Scheiben
schneiden, so entstehen Würfel. Je feiner die Scheiben, desto feiner die Würfel.

** Nach dem Schneiden von Chilis bitte die Hände waschen. Sonst brennt's später
irgendwann.

2. Teig machen

(Reis-)Mehl und Salz und miteinander vermischen. Eier und (Kokos-)Milch verquirlen.
Langsam die Mehlmischung unterrühren. Es soll ein glatter Teig ohne Klümpchen entstehen. Teig ca. 20 Minuten ruhen lassen.

3. Braten & warm halten

1–2 TL Öl in einer Pfanne bei mittlerer Hitze erwärmen. 1 Schöpflöffel Teig in die Pfanne
geben. Pfanne anheben und drehen, sodass der Teig den ganzen Pfannenboden hauch-
dünn bedeckt. 1 Minute goldbraun braten. Mit einem dünnen Pfannenwender umdrehen.
Auf der zweiten Seite 30 Sekunden braten. Mit dem restlichen Teig ebenso verfahren.
Palatschinken auf einen vorgewärmten Teller legen und mit einem Suppenteller oder
Deckel abdecken, damit sie warm bleiben. Oder im Ofen bei 50 °C warm halten.

4. Füllen

Gemüse nochmals kurz erwärmen und auf den Palatschinken verteilen.

5. Finalisieren & servieren

Palatschinken geklappt oder gerollt servieren. Dazu passt mehr Sweet Chilisauce.

Variante

Grüne Pancakes mit Speck & Chilibutter

VOR DEM START
Rezept durchlesen, alle benötigten Küchenutensilien zurechtlegen. Zutaten wiegen oder abmessen und bereitstellen.

Zutaten
Für 14–16 Pancakes

Pancakes
200 g Erbsen
1 Schuss Wasser
2 TL Senf
220 g Mehl (universal)
16 g Backpulver (1 Pkg.)
240 ml Milch
2 Eier
60 g Butter

Außerdem
2 EL Butter
2 TL Chiliflocken
8 Scheiben Frühstücksspeck

1. Vorbereiten
Erbsen mit Wasser und Senf bei kleiner Hitze in einem Töpfchen auftauen. 2 EL Butter mit den Chiliflocken vermischen.

2. Teig machen
Mehl und Backpulver miteinander vermischen. Erbsen mit Kochflüssigkeit und eventuell etwas Milch ganz glatt pürieren. Mit restlicher Milch und den Eiern verquirlen. Langsam die Mehlmischung unterrühren. Es soll ein glatter Teig ohne Klümpchen entstehen. Butter schmelzen und hinzufügen.

3. Braten & warm halten
Eine beschichtete Pfanne bei kleiner Hitze erwärmen. Jeweils 1–2 EL Teig direkt in die Pfanne löffeln. Pancakes backen, bis an der Oberfläche Bläschen entstehen. Dann die Pancakes wenden und auf der zweiten Seiten goldbraun braten. Mit dem restlichen Teig ebenso verfahren. Pancakes auf einen vorgewärmten Teller legen und mit einem Suppenteller oder Deckel abdecken, damit sie warm bleiben. Oder im Ofen bei 50 °C warm halten.

4. Füllen
Entfällt.

5. Finalisieren & servieren
Speck in einer extra Pfanne knusprig braten. Etwas Chilibutter auf den warmen Pancakes schmelzen lassen und mit Frühstücksspeck belegt servieren.

FREESTYLE Wer mag, kann eine Packung Ziegenfrischkäse mit Salz und etwas abgeriebener Zitronenschale glatt rühren und die Pancakes statt mit Chilibutter mit dem Ziegenkäse servieren.

Klassische Pancakes

VOR DEM START

Rezept durchlesen, alle benötigten Küchenutensilien zurechtlegen. Zutaten wiegen oder abmessen und bereitstellen.

Zutaten

Für 14–16 Pancakes

220 g Mehl (universal)
30 g Zucker
1 Pkg. Backpulver
2 Eier
240 ml Milch
60 g Butter

Außerdem

frische Beeren
Ahornsirup, Honig
oder Zimt & Zucker

1. Vorbereiten

Beeren waschen und wenn nötig putzen.

2. Teig machen

Mehl, Zucker und Backpulver miteinander vermischen. Eier und Milch verquirlen. Langsam die Mehlmischung unterrühren. Es soll ein glatter Teig ohne Klümpchen entstehen. Butter schmelzen und unterrühren.

3. Braten & warm halten

Eine beschichtete Pfanne bei kleiner Hitze erwärmen. Jeweils 1–2 EL Teig pro Pancake direkt in die Pfanne löffeln. 2–3 Pancakes gleichzeitig braten, bis an der Oberfläche Bläschen entstehen. Dann wenden und auf der zweiten Seiten goldbraun braten. Mit dem restlichen Teig ebenso verfahren. Pancakes auf einen vorgewärmten Teller legen und mit einem Suppenteller oder Deckel abdecken, damit sie warm bleiben. Oder im Ofen bei 50 °C warm halten.

4. Füllen

Entfällt.

5. Finalisieren & servieren

Mit Ahornsirup, Honig oder Zimt-Zucker-Gemisch beträufeln bzw. bestreuen und mit Beeren (und allem, was sonst noch so gewünscht ist) servieren.

Kuchen

DIE GRUNDIDEE

Rührteig aus Butter, Zucker, Eiern und Mehl zu gleichen Teilen wird mit Früchten oder anderen Zutaten verfeinert und gebacken.

DAS VERHÄLTNIS

Butter : Zucker : Mehl : Ei | 1 : 1 : 1 : 1
Als Grundmaß gilt das Gewicht von 4 mittelgroßen Eiern à ca. 60 g. Also in etwa 240 g von allem!

Zitronenkuchen

Zutaten
Für 1 Kastenform
(26 x 12 cm)

Teig
1–2 EL Semmelbrösel
1 ½ Bio-Zitronen
4 Eier
1 Prise Salz
240 g Feinkristallzucker
1 Pkg. Vanillezucker
240 g Butter (weich)
plus etwas für die Form
240 g Mehl (glatt)
1 TL Backpulver

Außerdem
Staubzucker zum Bestreuen

1. Vorbereiten

Backofen auf 180 °C Ober-/Unterhitze vorheizen. Form gut buttern. Brösel hineingeben. Form rütteln und drehen, bis sie sich gut verteilt haben. Überschüssige Brösel aus der Form klopfen. Zitronenschalen mit einer feinen Reibe abreiben und den Saft auspressen. Eier trennen.*

* Das Trennen von Eiern geht am besten mit den Händen: Dafür zwei Schüsseln bereitstellen. (Es ist wichtig, dass die Eiweiß-Schüssel fettfrei ist und sich beim Trennen kein Eigelb reinschummelt.) Ei vorsichtig am Schüsselrand aufschlagen, bis die Schale einen Knacks bekommt. Über der Eiweiß-Schüssel öffnen, Eiweiß und Eigelb in eine Hand gleiten lassen, dabei rinnt das Eiweiß durch die Finger in die Schüssel. Eigelb in die andere Schüssel geben.

4. Finalisieren & servieren

Kuchen aus dem Ofen nehmen, ca. 10 Minuten ruhen lassen. Dann auf eine Platte oder ein Brett stürzen. Dafür das Brett auf die Form legen, mit Küchenhandschuhen festhalten und schwungvoll umdrehen. Nochmals 5 Minuten warten. Wenn die Form gut gebuttert und gebröselt war, sollte sie sich jetzt leicht abheben lassen. Kuchen auskühlen lassen und mit Staubzucker beschneien.

TIPP 1 Wenn der Teig zu dick ist, 1 Schuss Milch dazugeben.

TIPP 2 Wer mag, macht zum Kuchen eine Zitronenglasur. Dafür 3 EL Zitronensaft mit 200 g Staubzucker glatt rühren. Falls die Glasur zu dick ist, dann tröpfchenweise Wasser dazugeben, bis die Konsistenz passt. Es erscheint wenig Flüssigkeit für so viel Zucker. Ist es aber nicht. Wenn die Glasur zu dünnflüssig ist, dann ist sie nicht blickdicht und der Kuchen scheint durch. Das sieht nicht so gut aus.

2. Teig machen

Eiweiß und Salz mit dem Handmixer oder in der Küchenmaschine auf nicht allzu hoher Stufe zu steifem Schnee schlagen (so nennt man gestockten Eiweiß-Schaum). Zucker, Vanillezucker und Butter mit dem gleichen Handmixer rühren, bis die Masse weißcremig wird. Eigelbe einzeln unterrühren. Zitronenschale und -saft untermischen. Mehl mit Backpulver vermischen und portionsweise unterrühren. Der Teig sollte dickflüssig sein. Eischnee zum Schluss mit einem Gummispatel vorsichtig unter den Teig heben. Teig in die Form füllen.

3. Backen

Im Ofen auf mittlerer Schiene ca. 50 Minuten backen. Stäbchenprobe machen.*

* Dafür mit einem Holz- oder Metallspieß in den Kuchen stechen. Spieß herausziehen. Haftet kein Teig mehr dran, ist der Kuchen fertig. Klebt noch Teig dran, nochmals 10 Minuten weiterbacken und den Vorgang wiederholen.

Variante

Brownies

Zutaten
Für ca. 16 Stück

340 g Schokolade
4 Eier
½ Bio-Orange
1 Prise Salz
240 g Butter (weich)
plus etwas für die Form
240 g Zucker
1 Pkg. Vanillezucker
100 g Mehl (glatt)
140 g geriebene Mandeln
1 TL Backpulver

Außerdem
etwas Butter für die Form
etwas Staubzucker
zum Bestreuen

1. Vorbereiten
Backofen auf 180°C Ober-/Unterhitze vorheizen. Eine eckige Backform (ca. 35 x 25 cm) gut buttern (auch die Seiten nicht vergessen). Schokolade in Stücke brechen. Eier trennen.* Orangenschale mit einer feinen Reibe abreiben.

* Das Trennen von Eiern geht am besten mit den Händen: Dafür zwei Schüsseln bereitstellen. (Es ist wichtig, dass die Eiweiß-Schüssel fettfrei ist und sich beim Trennen kein Eigelb reinschummelt.) Ei vorsichtig am Schüsselrand aufschlagen, bis die Schale einen Knacks bekommt. Über der Eiweiß-Schüssel öffnen, Eiweiß und Eigelb in eine Hand gleiten lassen, dabei rinnt das Eiweiß durch die Finger in die Schüssel. Eigelb in die andere Schüssel geben.

2. Teig machen
Eiweiß und Salz mit dem Handmixer oder in der Küchenmaschine auf nicht allzu hoher Stufe zu steifem Schnee schlagen (so nennt man gestockten Eiweißschaum). Schokolade mit Butter in einem Topf bei kleiner Hitze schmelzen. Von der Hitze nehmen. Zucker und Vanillezucker einrühren. Eigelbe einzeln unterrühren. Orangenschale untermischen. Mehl mit Mandeln und Backpulver vermischen und portionsweise untermischen. Eischnee zum Schluss mit einem Gummispatel vorsichtig unter den Teig heben. In die Form streichen. Die Form ein paar Mal aufklopfen, so verteilt sich der Teig ganz regelmäßig.

3. Backen
Im Ofen auf mittlerer Schiene ca. 40 Minuten backen. Stäbchenprobe machen.*

* Dafür mit einem Holz- oder Metallspieß in den Kuchen stechen. Spieß herausziehen. Haftet kein Teig mehr dran, ist der Kuchen fertig. Klebt noch Teig dran, nochmals 10 Minuten weiterbacken und den Vorgang wiederholen.

4. Finalisieren & servieren
Kuchen aus dem Ofen nehmen, ca. 10 Minuten abkühlen lassen und in Stücke schneiden. Mit Staubzucker beschneien und servieren.

Variante

Marmorgugelhupf

Zutaten
Für eine Gugelhupfform
mit 22 cm Ø

Heller Teig
1–2 EL Semmelbrösel
½ Bio-Zitrone
4 Eier
1 Prise Salz
240 g Zucker
1 Pkg. Vanillezucker
240 g Butter (weich)
plus etwas für die Form
240 g Mehl (glatt)
1 TL Backpulver

Dunkler Teig
40 g Kakaopulver
1–2 EL Zucker
1 Verschlusskappe Rum
(könnt ihr auch weglassen)

Außerdem
etwas Staubzucker
zum Bestreuen

1. Vorbereiten

Backofen auf 180 °C Ober-/Unterhitze vorheizen. Gugelhupfform gut buttern. (Vor allem den Mittelteil nicht vergessen!) Brösel hineingeben. Form rütteln und drehen, bis sie sich gut verteilt haben. Überschüssige Brösel aus der Form klopfen. Zitronenschale mit einer feinen Reibe abreiben. Eier trennen.*

* Das Trennen von Eiern geht am besten mit den Händen: Dafür zwei Schüsseln bereitstellen. (Es ist wichtig, dass die Eiweiß-Schüssel fettfrei ist und sich beim Trennen kein Eigelb reinschummelt.) Ei vorsichtig am Schüsselrand aufschlagen, bis die Schale einen Knacks bekommt. Über der Eiweiß-Schüssel öffnen, Eiweiß und Eigelb in eine Hand gleiten lassen, dabei rinnt das Eiweiß durch die Finger in die Schüssel. Eigelb in die andere Schüssel geben.

2. Teig machen

Eiweiß und Salz mit dem Handmixer oder in der Küchenmaschine auf nicht allzu hoher Stufe zu steifem Schnee schlagen (so nennt man gestockten Eiweiß-Schaum). Zucker, Vanillezucker und Butter in der Küchenmaschine oder mit dem Handmixer rühren, bis die Masse weiß-cremig wird. Eigelbe einzeln unterrühren. Zitronenschale untermischen. Mehl mit Backpulver vermischen und portionsweise untermischen. Der Teig sollte zähflüssig sein. ⅓ des Teigs in eine zweite Schüssel füllen. Kakao mit Zucker und Rum in einer kleinen Schüssel glatt rühren. Unter den abgezweigten Teig ziehen, bis alles gut vermischt ist und er dunkel ist. Eischnee mit einem Gummispatel nur unter den hellen Teig ziehen. Zuerst hellen Teig in die Form füllen, den dunklen obenauf setzen. Mit einer Gabel mit kleinen kreisförmigen Bewegungen durchmischen. Das ergibt das typische Muster.

3. Backen

Im Ofen auf mittlerer Schiene ca. 50 Minuten backen. Stäbchenprobe machen.*

* Dafür mit einem Holz- oder Metallspieß in den Kuchen stechen. Spieß herausziehen. Haftet kein Teig mehr dran, ist der Kuchen fertig. Klebt noch Teig dran, nochmals 10 Minuten weiterbacken und den Vorgang wiederholen.

4. Finalisieren & servieren

Kuchen aus dem Ofen nehmen, ca. 10 Minuten ruhen lassen. Dann auf einen großen Teller stürzen. Dafür den Teller auf die Form legen, mit Küchenhandschuhen festhalten und schwungvoll umdrehen. Nochmals 5 Minuten warten. Wenn die Form gut gebuttert war, sollte sie sich leicht abheben lassen. Gugelhupf auskühlen lassen und mit Staubzucker beschneien.

Variante

Obstkuchen

Zutaten

Für 1 Backblech
in Standardgröße

Teig

2 EL Semmelbrösel
½ Bio-Zitrone
(Saft für den Belag)
4 Eier
1 Prise Salz
250 g Zucker
1 Pkg. Vanillezucker
250 g Butter (weich)
plus etwas für das Backblech
250 g Mehl (glatt)
1 TL Backpulver

Belag

1 kg Marillen
(oder Rhabarber oder Kirschen
oder was gerade reif ist)
1–2 Pkg. Vanillezucker

Außerdem

Staubzucker zum Bestreuen

1. Vorbereiten

Backofen auf 180 °C Ober-/Unterhitze vorheizen. Backblech gut buttern. Brösel hineingeben und das Blech rütteln und drehen, bis sie sich gut verteilt haben. Überschüssige Brösel aus dem Blech klopfen. Zitronenschale mit einer feinen Reibe abreiben, Saft auspressen. Marillen halbieren, Stein herausnehmen. Jede Marillenhälfte in etwa 3 Spalten schneiden. Mit Zitronensaft und Vanillezucker in einer Schüssel mischen und ziehen lassen. Eier trennen.*

* Das Trennen von Eiern geht am besten mit den Händen: Dafür zwei Schüsseln bereitstellen. (Es ist wichtig, dass die Eiweiß-Schüssel fettfrei ist und sich beim Trennen kein Eigelb reinschummelt.) Ei vorsichtig am Schüsselrand aufschlagen, bis die Schale einen Knacks bekommt. Über der Eiweiß-Schüssel öffnen, Eiweiß und Eigelb in eine Hand gleiten lassen, dabei rinnt das Eiweiß durch die Finger in die Schüssel. Eigelb in die andere Schüssel geben.

2. Teig machen

Eiweiß und Salz mit dem Handmixer oder in der Küchenmaschine auf nicht allzu hoher Stufe zu steifem Schnee schlagen (so nennt man gestockten Eiweiß-Schaum). Zucker, Vanillezucker und Butter in der Küchenmaschine oder mit dem Handmixer rühren, bis die Masse weiß-cremig wird. Eigelbe einzeln unterrühren. Zitronenschale untermischen. Mehl mit Backpulver vermischen und portionsweiße unterrühren. Der Teig sollte zähflüssig sein. Eischnee zum Schluss mit einem Gummispatel vorsichtig unter den Teig heben. Teig mit dem Gummispatel auf dem Blech verteilen. (Das geht am besten, wenn der Spatel immer wieder in Wasser getaucht wird.) Zum Schluss das Blech ein paar Mal aufklopfen, so verteilt sich der Teig ganz regelmäßig. Gleichmäßig mit Marillen belegen. Den entstandenen Saft darüberträufeln.

3. Backen

Im Ofen auf mittlerer Schiene ca. 35 Minuten backen. Stäbchenprobe machen.*

* Dafür mit einem Holz- oder Metallspieß in den Kuchen stechen. Spieß herausziehen. Haftet kein Teig mehr dran, ist der Kuchen fertig. Klebt noch Teig dran, nochmals 10 Minuten weiterbacken und den Vorgang wiederholen.

4. Finalisieren & servieren

Auskühlen lassen, in Stücke schneiden, mit Staubzucker beschneien und servieren.

FREESTYLE Wenn ihr andere Obstkuchen macht, solltet ihr auch die Gewürze variieren. Zu Zwetschken- oder Apfelkuchen passt statt der Vanille Zimt. Bei Kirschen passt die Vanille wieder besser.

Beilagen

DIE GRUNDIDEE

Einfach aussuchen, worauf ihr Lust habt.

DAS VERHÄLTNIS

Lässt sich beim besten Willen nicht angeben.
Beilagen werden in den Rezepten immer
an der gleichen Stelle (mit Rezeptverweis)
erwähnt. Manchmal ergibt es aber Sinn,
sie ein bisschen früher zu machen.
Das findet ihr am besten selbst raus.

Grüner Salat

Zutaten

Für 2–3 Personen

1 grüner Salat nach Wahl
(Kopfsalat, 1 kleines Grazer
Häuptel oder ¾ Eisbergsalat)

Marinade

100 ml Olivenöl
30 ml Apfelessig
1 EL Ahornsirup
½ TL gemahlener Anis
1–2 TL Senf (etwa Dijon)
Salz & Pfeffer

1. Salat putzen, zupfen, waschen und trocken schleudern. Wer keine Salatschleuder hat (und wer hat die schon), legt den Salat in ein Geschirrtuch, geht damit ins Badezimmer und wirbelt den Salat wie ein Lasso mehrmals herum. Das vertreibt das Wasser von den Blättern (spritzt, ist aber nur Wasser) und die Marinade kann gut haften.

2. Für die Marinade alle Zutaten in ein Schraubglas füllen (etwa ein altes Marmeladeglas) und zu einer sämigen Sauce schütteln. Salat erst kurz vor dem Servieren damit übergießen und durchmischen. Sonst macht das Salz den Salat schlapp.

ÜBRIGENS Das Besondere an Dijonsenf ist, dass er nicht mit Essig, sondern mit Traubenmost angesetzt wird. Er besteht ausschließlich aus braunen Senfkörnern und ist deshalb scharf, hat aber trotzdem ein feineres Aroma als anderer Senf.

Tomatensalat

Zutaten

Für 2 Personen

4–6 Tomaten
(je nach Größe)
1 kleine rote Zwiebel

Marinade

100 ml Olivenöl
Salz & Pfeffer
frisches Basilikum
(optional)

1. Tomaten waschen und achteln. Zwiebel schälen und auf dem Gemüsehobel in Ringe hobeln.

* Das geht am besten und ganz ohne Tränen mit einem wirklich guten Marken-Gemüsehobel – die sind ein bisschen teurer, funktionieren aber toll und bleiben sehr lange sehr scharf.

2. Tomaten und Zwiebeln mit Olivenöl, Salz und Pfeffer mischen. Die Tomaten haben selbst viel Säure. Wem das nicht ausreicht, der kann noch ein wenig Essig dazugeben. Basilikumblätter darüberzupfen.

Gurkensalat

Zutaten

Für 2–3 Personen

1 große Gurke
½ Bund Dill
(oder Koriander,
wenn's asiatisch sein soll)

Marinade

100 ml Olivenöl
30 ml Apfelessig
1 Prise Salz
(oder – asiatisch –
1 TL Sojasauce)
1 TL Senf (etwa Dijon)
2 TL Ahornsirup (oder Honig)
etwas Chilipulver (optional)

1. Gurke waschen und schälen. Dabei jeden zweiten Schalenstreifen stehen lassen. Das gibt ein bisschen mehr Biss. Gurke direkt in eine Schüssel in feine Scheiben hobeln.* Dill (oder Koriander) abzupfen und mit einem scharfen Messer sehr fein hacken.

* Das geht am besten mit einem wirklich guten Marken-Gemüsehobel – die sind ein bisschen teurer, funktionieren aber toll und bleiben sehr lange sehr scharf.

2. Für die Marinade alle Zutaten in ein Schraubglas füllen (etwa ein altes Marmeladeglas) und zu einer sämigen Sauce schütteln.

3. Gurke erst kurz vor dem Servieren damit übergießen und durchmischen. Sonst wird sie durch das Salz ganz weich. Oder lätschert, wie wir in Wien sagen. Dill (oder Koriander) untermischen und evtl. mit Chili abschmecken.

Zutaten
Für ca. 300 g

2–4 EL frische Kräuter
(etwa Schnittlauch, Dill,
Koriander, Minze, Petersilie)
250 g Sauerrahm (1 Becher)
1 EL Mayonnaise
1 Schuss Ahornsirup
Salz & Pfeffer

Kräuter-Dip

1. Kräuterblättchen (falls nötig) abzupfen und mit einem scharfen Messer fein hacken.

2. Alle Zutaten für den Dip miteinander vermischen.

Zutaten
Für 2–3 Personen

½ Kopf Weißkraut
2 TL Salz
1–2 Karotten

Marinade
2 EL Sauerrahm
1 EL Mayonnaise
1–2 EL Zitronensaft

Cole Slaw

1. Halben Krautkopf halbieren, Strunk herausschneiden. Kraut in sehr dünne Streifen schneiden oder (besser) mit einem Gemüsehobel hobeln.* Einsalzen, gut durchmischen und durchkneten, bis das Kraut beginnt Wasser zu lassen und ganz weich wird. Gut ausdrücken. Die Flüssigkeit wegschütten. Karotten schälen und raspeln. Mit dem Kraut vermischen.

* Das geht am besten und ganz ohne Tränen mit einem wirklich guten Marken-Gemüsehobel – die sind ein bisschen teurer, funktionieren aber toll und bleiben sehr lange sehr scharf.

2. Sauerrahm, Mayonnaise und Zitronensaft verrühren und unter die Gemüsemischung heben.

Zutaten
Für 3–4 Personen

1 große Gurke
1 Knoblauchzehe
250 g griechisches Joghurt
(1 Becher)
½ Zitrone
100 ml Olivenöl

Tsatsiki

1. Gurke mit einer groben Reibe raspeln oder hobeln und ausdrücken. Knoblauchzehe schälen und fein hacken. Zitrone auspressen.

2. Joghurt, Zitronensaft und Olivenöl vermischen und mit der Gurke verrühren.

Zutaten
Pro Person

1 Pitabrot
1 EL Olivenöl
(oder mehr, je nachdem
wie viele Brote gebraten
werden)

Gebratenes Pitabrot

Pitabrot in Streifen schneiden. In einer beschichteten Pfanne in Olivenöl auf beiden Seiten goldbraun anbraten.

Zutaten
Für 2–3 Personen

1 Tasse Basmatireis
(Fassungsvermögen 250 ml)
2 Tassen Wasser
(bei Jasmin- oder
Naturreis ist das Verhältnis
1 : 3 Tassen)
etwas Salz

Reis

1. Reis waschen, bis das Wasser klar bleibt (3–4 Mal). Wasser aufkochen, großzügig salzen.

2. Gewaschenen Reis ins Wasser geben. Nochmals aufkochen, dann die Hitze reduzieren und den Reis zugedeckt köcheln lassen, bis er die gesamte Flüssigkeit aufgesaugt hat. (Die Körner sollten weich sein. Sonst etwas kochendes Wasser hinzufügen. Weiterkochen, bis es aufgesaugt ist.) Hitze abstellen. Den Reis 10 Minuten ruhen lassen. Erst dann mit einer Gabel auflockern.

ÜBRIGENS Ein Reiskocher kostet nicht viel und ist ein richtig tolles Gerät. Der Reis gelingt so gut wie immer und kann sogar über längere Zeit warm gehalten werden, wenn verschiedene Leute zu unterschiedlichen Zeiten essen wollen.

TIPP Wer mag, kann den Reis mit ½ Zwiebel, gespickt mit 2 Nelken, aromatisieren. Dafür die Nelken einfach in die Zwiebel stecken und mitkochen. Auch gut: 1 Prise Curry oder Kurkuma.

Zutaten
Für ca. 4 Personen

500 g mehlige Kartoffeln
300 ml Milch (oder mehr)
60 g Butter
Salz & gemahlene Muskatnuss

Kartoffelpüree

1. Kartoffeln schälen, in mittelgroße Stücke schneiden. In der Milch zugedeckt weich kochen.

2. Mit einem Kartoffelstampfer (keinesfalls mit dem Pürierstab, das macht das Püree zäh) im Topf mit der Kochmilch zerdrücken. Mit Butter, etwas Salz und Muskatnuss zu einem glatten Püree rühren. (Falls es zu dick ist, warme Milch dazu, bis es passt.)

Zutaten
Für 8–10 Palatschinken

200 g Mehl (universal)
1 Prise Salz
2 Eier
ca. 400 ml Milch
Butter zum Braten

Frittaten

1. Mehl und Salz vermischen. Eier und Milch verquirlen. Langsam die Mehlmischung unterrühren. Es soll ein glatter Teig ohne Klümpchen entstehen. Teig ca. 20 Minuten ruhen lassen.

2. 1 TL Butter in einer Pfanne bei mittlerer Hitze zerlassen. 1 Schöpflöffel Teig in die Pfanne geben. Pfanne anheben und drehen, sodass der Teig den ganzen Pfannenboden hauchdünn bedeckt. 1 Minute goldbraun braten. Mit einem dünnen Pfannenwender umdrehen. Auf der zweiten Seite 30 Sekunden braten. Mit dem restlichen Teig ebenso verfahren.

3. Palatschinken einzeln aufrollen und in feine Streifen schneiden.

ÜBRIGENS Frittaten lassen sich sehr gut einfrieren. Nach dem Schneiden.

Zutaten
Für 4 Personen

250 g Mehl (universal)
250 g Topfen
2 Eier
1 Eigelb
Salz, Pfeffer & gemahlene
Muskatnuss

Nockerl

1. In einem großen Topf Salzwasser zum Kochen bringen. Alle Zutaten für die Nockerl zu einem zähflüssigen Teig vermischen.

2. Teig auf ein nasses Holzbrett geben. Mit einem Messer eine ca. teelöffelgroße Menge Nockerlteig abschneiden und direkt ins Wasser gleiten lassen. Das Messer nach jedem Schnitt kurz in Wasser tauchen, damit nichts kleben bleibt.

3. Nockerl ca. 10 Minuten im siedenden Wasser ziehen lassen. In ein Sieb abseihen und warm abbrausen. Gleich servieren oder vorher in Butter anbraten.

Zutaten
Für 2–3 Personen

1 Pkg. Asia-Nudeln
(etwa Reisnudeln)

Asia-Nudeln

Nudeln laut Packungsanleitung zubereiten.

Zutaten
Für 4 Personen

400 g Tiefkühl-Rotkraut
(1 Pkg.)
etwas Apfelsaft
1–2 TL Butter

Rotkraut

1. Tiefgefrorenes Rotkraut in einen Topf legen und dort langsam auftauen lassen.
Oder 125 ml Wasser dazugeben und bei kleiner Flamme unter Rühren auftauen lassen.

2. Apfelsaft und Butter dazugeben, etwas einkochen lassen und servieren.

TIPP Rotkraut muss man wirklich nicht selber machen, das ist viel Arbeit. Ihr könnt es noch mit frischen Apfelstücken und Zimt oder mit Orangen- oder Ananassaft oder allem, was euch sonst noch einfällt, verfeinern.

Zutaten
Pro Person

1 Debreziner
1 EL Öl

Gebratene Debreziner

Öl in einer Pfanne bei mittlerer Hitze erwärmen. Würstel darin von allen Seiten kräftig anbraten.

Pesto mit Basilikum

Zutaten
Für ca. 330 g

80 g Basilikum
(oder Petersilie und
Basilikum, halbe-halbe)
1 Knoblauchzehe
60 g Parmesan
120 ml Olivenöl
60 g Pinienkerne

Salz & Pfeffer

1. Basilikumblätter grob hacken. Knoblauchzehe schälen und fein hacken. Parmesan in kleine Stücke brechen oder schneiden.

2. Basilikum, Knoblauch und Parmesan zusammen mit Olivenöl und Pinienkernen im Mixer oder mit dem Stabmixer zu einer nicht ganz feinen Paste mixen. Mit Salz und Pfeffer abschmecken. (Im Original wird Pesto im Mörser zubereitet – geht auch, ist aber anstrengender.)

ÜBRIGENS Pinienkerne sind teuer. Ihr könnt sie auch weglassen oder durch andere Nüsse ersetzen, etwa durch Walnüsse (sehr intensiv im Geschmack) oder Cashewkerne.

FREESTYLE mit dem **PESTO-PRINZIP**: 2 Handvoll Grün (Bärlauch, Minze, Rucola, Spinat), 1 Handvoll geriebener harter Käse, ½–1 Handvoll Nüsse (geröstet oder roh, Mandeln, Pistazien, Wal- oder Haselnüsse), Salz und Knoblauch nach Geschmack, 1–2 Tassen Olivenöl (je nachdem, wie fest oder flüssig das Ergebnis sein soll)

Asia-Sauce

Zutaten
Für 1–2 Personen

3 cm Ingwer
1 Knoblauchzehe
6 EL Sojasauce
3 EL Teriyaki-Sauce
4 EL Austernsauce
3 EL brauner Zucker
2 EL Limettensaft

1. Ingwer und Knoblauch schälen und fein hacken.

2. Alle Zutaten bis auf den Limettensaft miteinander vermischen. In einer Pfanne zum Kochen bringen und ca. 1 Minute einkochen lassen. Am Ende mit Limettensaft verfeinern.

Spicy Dip

Zutaten
Für ca. 300 g

250 g Sauerrahm (1 Becher)
3 EL Ketchup
1 TL Chiliflocken
(oder ½ TL Chilipulver)
1 EL Mayonnaise
1 Schuss Ahornsirup
Salz & Pfeffer

Alle Zutaten für den Dip miteinander vermischen.

Rezeptverzeichnis

Kleines österreichisch-deutsches Wörterbuch

Brösel	Krümel (oder Semmelbrösel)
Faschiertes	Hackfleisch
Feinkristallzucker	feiner Haushaltszucker
Gemüsesuppe	Gemüsebrühe
Häuptel(salat)	Kopfsalat
Heidelbeere	Blaubeere, Schwarzbeere
Karfiol	Blumenkohl
Karotte	Möhre
Knackwurst	kleine rosa Brühwurst
Knödel	Kloß
Knödelbrot	trockene Weißbrotwürfel
Kren(wurzel)	Meerrettich
Marille(nmarmelade)	Aprikose(nkonfitüre)
Mehl	
glatt:	Type 405
griffig:	Type 700
universal:	Type 405
Melanzani	Aubergine
Nockerl	Knöpfle
Palatschinke	Pfannkuchen
Rote Rübe	Rote Bete
Rotkraut	Rotkohl
Sauerrahm	Saure Sahne
Schlagobers	Schlagsahne
Semmelbrösel	Paniermehl
Staubzucker	Puderzucker
Topfen	Quark
Weißkraut	Weißkohl

Team

So sahen die Macherinnen dieses Buches
in ihren **late teens and early twens** aus.

Eschi Fiege

Idee, Texte, Rezepte & Styling

Das bin ich mit 20, damals bin ich von zu Hause ausgezogen und nach Hamburg
gegangen, um Kunst zu studieren. Die Akademie hatte zum Glück eine tolle Kantine
und vor allem eine Kantinenbesitzerin die mich mochte. Ich sage nur: Extradessert!
Also vermisste ich die Küche meiner Mutter nicht allzu sehr. Jeder hatte damals
seine ganz eigenen Essgewohnheiten, je nach Geschmack und Geldverhältnissen.
Bei mir waren es Apfelbrot und Maissalat, die mich nährten. Bei anderen Gouda,
Müsli, Joghurt und Fertignudeln! Ein Buch wie dieses wäre für den einen oder die
andere von uns sicherlich hilfreich gewesen.

Vanessa Maas

Fotografie & Styling

Mein erster eigener Herd hatte nur eine einzige Heizplatte, auf der ich sehr gern
Buchstabensuppe kochte. Mein Lieblingsplatz war in unserer Küche, nah bei meiner Mutter, die jeden Tag mindestens eine warme Mahlzeit für unsere große Familie
zubereitete. Mit 17 zog ich in meine erste eigene Wohnung und erinnerte mich an
diese leckeren Speisen, die ich dann in meiner Fantasie nachkochte. Ich koche
immer noch sehr gern. Noch lieber fotografiere ich.

Verena Repar

Grafik Design

Fünfmal die Woche Spaghetti mit Pesto. Der Klassiker. Hat man immer zu Hause, geht schnell, kostet nichts und ist fleischfrei. Aber auch eintönig. Langsam muss Abwechslung her! Ausschlaggebend für die Wahl meiner Gerichte ist eindeutig die Inexistenz eines Geschirrspülers. Je weniger schmutziges Geschirr, desto besser. Wenig Abwasch lässt mir nämlich mehr Zeit – zum Beispiel für die Arbeit an diesem Buch. Seither kenne ich auch mehr Rezepte. Die höchste Erkenntnis: Das Gestalten eines Kochbuchs erzeugt Permanent-Hunger!

Inge Fasan

Lektorat

Ohne Dosenravioli hätte ich, als ich mit 18 aus der Kleinstadt nach Wien kam, wahrscheinlich nicht überlebt. Zum Glück gab es darüber hinaus die Südtiroler Studienkolleginnen, die in regelmäßigen Abständen riesige Lebensmittelpakete geschickt bekamen und mir beibrachten, Tiramisu zu machen. Die Schinkenfleckerl meiner Oma und die Lasagne meiner Mutter backe ich bis heute. Wer kommt essen?

Noch was zum Schluss an meine Tochter:

Wenn du irgendwann in nächster Zukunft ausziehst, haben wir etwa 7665 Tage gemeinsam verbracht. Mit großer Freude und ein wenig Herzschmerz sehe ich dich heranwachsen. Sehe, wie du dein eigenes Leben lebst und beginnst, die Welt zu erobern. Und es gefällt mir, was ich da sehe, auch wenn es keine Rolle spielt, denn es ist ja dein Leben. Ich freue mich über deine Freude und ärgere mich über deinen Schmerz und denke: Die blöde Welt soll ja lieb zu dir sein! Ich würde dich gern vor allen miesen Erfahrungen beschützen, obwohl ich weiß, dass ich das nicht kann und du das gar nicht willst.

Du hast einen wunderbaren jungen Mann an deiner Seite, verrückte Freunde und eine lustige echte und erweiterte Familie, die dich alle lieben. Du bist klug, mutig und stark genug, um all das, was dein Leben dir bringen wird, zu meistern. Und wenn trotzdem mal was schiefgeht (es geht irgendwann immer was schief), dann keine Angst: Du wirst in diesem Moment die Einsicht und die Kraft haben, damit klarzukommen und weiterzumachen.

Du bist nun nicht mehr unser Brot, die kleine Krabbe, das Honigbienchen, die Gurke oder die Katze, du bist eine wunderbare junge Frau und zu vielem fähig. Auch dazu, die Welt zu verändern, wenn du das willst.

Lass dir Zeit darüber nachzudenken, was du vom Leben willst und was du mit dir anfangen willst. Lasst dich nicht reinzeihen in das große, böse Leistungsspiel. Hau auf den Tisch! Mach alles anders – oder einfach nur genau so, wie es dir gefällt!

Impressum

Liebe Leserin, lieber Leser,
haben Ihnen unsere 12 Kochideen für 365 Tage gut essen gefallen?
Dann freuen wir uns über Ihre Weiterempfehlung. Würden Sie sich
gerne genauer über Kochen für Kocheinsteiger&innen informieren?
Möchten Sie mit der Autorin in Kontakt treten? Wir freuen uns auf
Austausch und Anregung unter
leserstimme@styriabooks.at

Inspirationen, Geschenkideen und gute Geschichten finden Sie auf
www.styriabooks.at

© 2020 by Pichler Verlag
in der Verlagsgruppe Styria GmbH & Co KG
Wien – Graz
Alle Rechte vorbehalten.
ISBN 978-3-222-14043-3
Bücher aus der Verlagsgruppe Styria gibt es
in jeder Buchhandlung und im Online-Shop
www.styriabooks.at

TEXT, REZEPTE & FOODSTYLING: Eschi Fiege

FOTOGRAFIE: Vanessa Maas

GRAFIKDESIGN UND COVERGESTALTUNG: Verena Repar

LEKTORAT: Inge Fasan

PROJEKTMANAGEMENT: Ulli Steinwender, Sophie Wolf

STYLING: Eschi Fiege & Vanessa Maas

BILDBEARBEITUNG: Janine Hahn

DRUCK UND BINDUNG: Finidr

Printed in the EU

7 6 5 4 3 2 1